Bernd Prüger

Mit ganzem Herzen Jäger sein

Bernd Prüger

Mit ganzem Herzen Jäger sein

Illustriert
von
Klaus-Peter Reif

Neumann - Neudamm

Die Deutsche Bibliothek – CIP-Einheitsaufnahme

Prüger, Bernd:
Mit ganzem Herzen Jäger sein / Bernd Prüger. Ill. von Klaus-Peter Reif. –
Melsungen: Neumann-Neudamm, 1991
ISBN 3-7888-0632-X

Untere Straße 3, 3509 Morschen/Heina
Printed in Germany
Titelgestaltung: Philipp Schneider unter Verwendung eines Dias von Hans Reinhard
Reprotechnik: Repro Team, 3501 Niestetal-Sandershausen
Satz und Druck: Silber Druck, 3501 Niestetal-Heiligenrode
Buchbinderische Verarbeitung: Willy Keller, 6402 Kleinlüder

Schrift: 10/12 Garamond
Papier: 90 g Gardapat 13
Umschlag: Pappband, Polylein-Kaschierung
Verarbeitung: Fadenheftung, begazt, Deckenband

Inhalt

Prolog

Nicht jeder Tag ist ein Jagdtag. Und nicht jeder Jagdtag ist ein Tag, an dem ein Stück Wild zur Strecke kommt. Zur Jagd gehört die Hege. Jagd und Hege zusammen verlangen nicht nur im Mittelgebirge hohen körperlichen Einsatz. Der Zeitaufwand, den der Jäger seiner Passion darbringt, nicht opfert, ist erheblich und nur von stabilen Familien zu verkraften. Trotzdem will ich mit ganzem Herzen Jäger sein...
Warum will ich das? Weshalb jage ich? Vielleicht macht das Naturerleben die Faszination aus, vielleicht ist die aktive Auseinandersetzung mit ihr als eine Form der körperlichen und seelischen Selbstbestätigung der Grund. Möglicherweise sind es die Urinstinkte des Jägers aus grauer Vorzeit.
Die Frage nach dem Warum kann ich nicht gänzlich rational beantworten. Aber dem Jäger wird sie immer wieder gestellt. Er muß auf diese Frage für andere und vor allen für sich selbst eine Antwort finden: Ich will Episoden aus meinem Jägerleben aufschreiben und Selbsterfahrenes ehrlich, wenngleich subjektiv, wiedergeben. Die Geschichten sind so hintereinander gestellt, als hätte ich sie in einem einzigen, unendlich reichen Jagdjahr zwischen April und März erlebt.
Vielleicht sind es die Bausteine für eine Antwort – für meine Antwort.

ERSTES KAPITEL

Taubenbalz

Auf den Bergen liegt später Schnee. Die Aprilsonne verdampft ihn; der Frühlingswind bläst ihn wie nassen Atem vor sich her; Regen spült ihn in die Täler und der braune Waldboden saugt ihn in sein Nadelbett. Aber er ist zäh, der späte Schnee. Trotzdem ruckst und gurrt es in den Fichten auf dem Tragberg. „Ku-ku-ru-ku-ku-ru" ruft es unterm Gottskopf und „gu-gruh-gruh" klingt es leise von der Friedenshöhe herüber.

Frühlingssehnen liegt im Balzruf des Ringeltaubers. Er gurrt zärtlich nach einer Gefährtin, mit der er drei Bruten hochbringen will. Das muß bis zum Herbst geschafft sein, denn im Oktober verläßt die größte europäische Wildtaube unsere rauhen Berge. Für ein halbes Jahr nimmt sie dort Winterquartier, wo sich der Kropf leichter füllen läßt als hier, da im November oft schon der Schnee die Eicheln und Bucheln zudeckt, wo die Sämereien zuunterst in der Winterfurche liegen und ein rauher Frost die Schnecken und Würmer vertreibt.

Trotzdem ist der jagdbare Frühlingsbote in unseren Fichtenwäldern vorhanden. Vier oder sechs Paare habe ich allein in meinem Revier. Und wenn im Frühjahr die Saaten gedrillt werden, dann sind außer den kleinen braunen Türkentauben und den vielfarbigen Haustauben immer auch zehn der prächtigen Ringeltauben mit auf dem Acker. Aber die Pirsch auf den balzenden Tauber ist nicht einfach, denn auf jeder Feder hat er ein waches Auge.

Am Waldrand tummeln sich die Finken. Ein ganzer Schwarm quirlt durch die Randfichten. Erst als ich stehenbleibe, fliegen sie wieder auf den Harschschneestreifen, der sich im Schatten der Bäume gehalten hat. Sie hüpfen und trippeln emsig über die eisige Fläche und sammeln die Sämereien von Birke und Haselnuß, die ihnen nirgends sonst so appetitlich und leicht erkennbar angeboten werden. Ich staune darüber, wie rasch sich die kleinen Vögel die Gunst des Ortes

K.-P. Reif

zu Nutze machen, dann lasse ich die Morgentafel der Finken hinter mir.
Der Atem des Waldes umfängt mich kühl in dieser Morgenstunde. Noch hält sich alles Laub in prallen Knospen versteckt. Nur der Hirschholunder, der nirgends so üppig wächst wie in unseren Revieren, zeigt schon die Ränder seiner Blätter. Dafür halten die Buchen ihr Laub noch gänzlich in einer straffen, braunen Hülle, so wie wir unsere Schirme, bevor es regnet.
Leise steige ich den tauwasserfeuchten Waldweg hinauf, bis die Kultur mit den Douglastannen hinter mir liegt. Dann drücke ich mich ins bergende Gezweig einer Jungfichte. Hier stehe ich und lausche.
Endlich: „Oh-du, oh-du", ganz nahe balzt der Ringeltauber. Es klingt, als wäre er über mir. Vielleicht sitzt er in der großen Föhre, deren Rinde der Blitz zerrissen hat. Ich mache die Bockflinte scharf und trete langsam aus meinem Versteck. Da klatscht es laut und der Tauber fliegt in den Himmel. Sofort ist er hinter den Wipfeln verschwunden.
Das macht die Schwierigkeit bei dieser Jagd. Man hört den Tauber. Das reicht aus, um ihn anzupirschen. Will man ihn nun schießen, dann muß man ihn sehen. Das allerdings gelingt nur, wenn man sich aus seiner Deckung bewegt. Dies wiederum bemerkt der Tauber und er fliegt ab, oft mit einem klatschenden Flügelschlag, wie eben jetzt. Nun sieht man zwar den Tauber auch, kann ihn aber meistens nicht mehr erlegen.
Oft habe ich dieses interessante Spiel mit ihm gespielt, und fast immer hat der Ringeltauber gewonnen. Das liegt auch an der Wipfeldichte des sechzigjährigen Bestandes.
Weidmannsheil hatte ich in Arnos Revier, im lichten Altholz. Da sah ich den stahlblauen Ritter schon einfallen und ich konnte ihn anspringen, so, wie man es von der Hahnenbalz aus Büchern kennt. Der Schuß war dann ein Kinderspiel. Wie ein aufgerissenes Kissen fiel mir der große Vogel vor die Füße. Zwei rubinrote Tropfen drangen am Hals aus seinem bunten Gefieder. Ich hängte den Tauber an meinen Gürtel und dachte daran, wo er wohl den Winter verbracht haben mochte. Sicher hatte er in sechs Monaten mehr von der Welt gesehen, als ich in neununddreißig Jahren.
Das geht mir durch den Kopf, als ich meinem Ringeltauber hinterhersteige. Ich glaube, er ist bei der Jägerquelle eingefallen.

Wieder stehe ich still und warte auf seinen Ruf. Da ist er. „Oh-du, oh-du" fleht es jetzt hinter mir, und als ich auf die Blöße an der Suhle trete, um zu schauen, wer mir näher ist, da fliegen sie gleich beide fort. Nun laufe ich bis zur Jagdhütte. Der Harsch einer Schneewehe füllt mir die Stiefel, weil ich nur auf die Wipfel achte und den kleinen Graben unterschätze. Endlich bin ich auf dem Berg, aber die Tauben sind es nicht, die balzen drüben auf der Friedenshöhe.

Nun ist mir das zu dumm. Es mag heute nicht, und ich mag auch nicht mehr. Zu meinem Glück habe ich niemanden erzählt, was ich vorhabe. Denn wie sollte ich erklären, daß ich den Tauben nicht gewachsen bin?

ZWEITES KAPITEL

Erinnerungen

Ich weiß nicht, welche Erinnerungen in Monika lebendig werden, wenn sie an ihr erstes selbst erjagtes Wild denkt. Obwohl ich an jenem Abend dabei war, weiß ich es nicht. Und sie weiß nicht, was mich bewegte, obwohl wir oft darüber sprachen. Wir können den gleichen Vorgang erleben, aber unsere Gedanken werden ihn unterschiedlich wiederspiegeln. Deshalb lassen sich Erinnerungen nicht teilen wie ein Stück Brot. Wir können uns aber gemeinsam erinnern, so wie wir gemeinsam essen. Dann tauschen wir uns aus und genießen die besten Bissen miteinander. Auf diese Weise machen wir das Erlebte noch einmal lebendig und es wird zum Brot für unsere Seele. Diese Eigenart haben nur wir Menschen.

Der Bock, und wir sahen nur dieses eine Stück Wild an jenem Abend, trat aus den Jungfichten am Steilhang gegenüber. Er zog ein paar Meter durch den Grund. Dann verhoffte er am Bach. Nicht um zu schöpfen, nein, er lauschte gleichsam dem Gemurmel des kleinen Wassers. Mit einem Sprung aus dem Stand setzte er über den meterbreiten Graben. Dort sicherte er wieder und äste dann langsam den Hang hinauf. Er war nicht stark im Wildbret und zeigte keine kapitale Krone. Aber es war ein Bock, ein jagdbares Wild nach bisher vergeblichen Ansitz. Das Fernglas zeigte lauscherhohe Stangen; die rechte gering vereckt, die linke ein schwacher Spieß oder waren es zwei? Tatsächlich besaß die linke Stange noch einen fingerlangen Sporn, der nach hinten über den Hals ragte. Ein Dreistangenbock. Ein unechter zwar, weil der abnorme Spieß oberhalb des Rosenstockes herauswuchs, aber immerhin. So drei, vier Jahre mußte der Bock alt sein. Das alles war zu erkennen, als er das Bächlein nahm und sicherte.

Nun stand er von uns weg. „Schießen", flüsterte ich, „ein abnormes Gehörn. Unbedingt schießen"! Dafür mußten aber erst einmal die

Vorbereitungen getroffen werden. Monika saß mit dem Rücken zum Hang und hatte sich umdrehen müssen, um den Bock überhaupt zu sehen. Nun legte sie ihr Fernglas aus der Hand und stieg behutsam über das Sitzbrett der offenen Kanzel. Derweil zog der Bock immer weiter den Hang hinauf. Auf hundert Schritte konnte er das Rascheln des viel zu großen Jagdanoraks nicht vernehmen. Trotzdem hielten wir die Luft an. Man vermeidet ja meist jene Geräusche, die ohnehin nicht zu hören sind. Monika schaute fragend über die Schulter und ich drückte ihr den Bergstutzen in die Hand, der quer auf den beiden Sitzbrettern gelegen hatte. Flüsternd gab ich meine Anweisung: „Entsichern, aber leise, dann zielen und erst stechen, bevor Du schießen willst." Und: „Bleib ruhig"! beschwor ich sie. Dabei weiß ich heute noch nicht, wer von uns beiden aufgeregter war. Auf dem Schießstand hatte sie sicher die Scheibe getroffen, auf hundert Meter. Aber die war aus Pappe. Diesmal stand ein lebendiger Rehbock auf der Wiese.

Ich legte Monika die Hand auf die Schulter. Das sollte ihr etwas von der Gelassenheit vermitteln, die ich selbst gar nicht hatte. Dann nahmen die Dinge ihren Lauf. Genau in der Wirkungslinie des Schicksals saß ich. Vor mir der Schopf meiner Gefährtin, dahinter das schlanke Laufpaar der Waffe und weit gegenüber am Hang der braune Körper des Rehbockes. Als ich das Fernglas vor die Augen nahm, hörte ich das feine Klicken des Stechers. Der Bock stand jetzt ganz breit und mit dem Kopf nach links. Das ist günstig, dachte ich gerade und überlegte, wie ich meine Gefährtin zum Schuß ermuntern könne, ohne etwas zu verderben. Da knallte es bereits. Trockener Kugelschlag klang zu uns herüber und ein langes Echo rollte durch die Bergfichten.

Ich spürte, wie Monikas schlanker Körper den Rückstoß der Waffe abfing. Ihr Kopf fuhr in die Höhe und unser beider Blick ging hinüber zum Hang. Da, wo er vorher gestanden hatte, lag der Bock. Ein rasches Schlegeln der Vorderläufe – aus. Langsam drehte sich Monika zu mir um, die Augen weit, das ganze Gesicht eine Frage. Ich drückte ihre Hand. Sie legte den Kopf an meine Schulter und schwieg…

Ich weiß, wie es ist, wenn man die Wirkungslinie des Schicksals bestimmt hat: erfolgreich für den Jäger, tödlich für das Wild. Ich weiß, wie ein sensibler Mensch empfindet, wenn Schock und Triumph, Stolz und Reue miteinander im Widerstreit liegen. Einige hundert Mal habe ich dieses Gefühl erlebt, habe es gesucht, habe gezweifelt und triumphiert und werde es weiter suchen – immer wieder! Weil ich die Jagd liebe, die Natur und die Auseinandersetzung mit ihr; das ganze Erleben, zu dem auch der Tod gehört. Und ich werde weiter zweifeln und triumphieren! „Monika, wir wollen nach deinem Bock sehen", flüsterte ich. Obwohl es keinen Grund mehr dafür gab, stiegen wir leise von der Leiter und obwohl wir niemand mehr vertreiben konnten, liefen wir schweigend nebeneinander durch das unansehnliche Altgras, das noch die frischen Halme überragte. Wir stapften durch den moorigen Grund, sprangen über den Bach und stiegen den Hang hinauf zu dem gestreckten Rehbock. Der Bock lag auf der rechten Seite. In seinem Körper war kein Leben mehr. Über dem Blatt saß der kleine Einschuß. Dunkelroter Schweiß perlte über das braune Haar des Wilden und färbte das Gras unter seiner Schulter. Wir hatten ihn richtig angesprochen. Vor uns lag ein unechter Dreistangenbock.

Ich beobachtete Monika. Sie beugte sich über das tote Tier, kniete nieder, nahm den Kopf in die Hände und strich über den schlanken Hals.

Triumphierte sie jetzt? Nein! Dabei hatte ihr Geschoß das Wild trotz der erheblichen Entfernung gut getroffen und sie hatte keinen Todeskampf mit ansehen müssen.

War sie jetzt stolz? Ich würde sie nicht fragen. Sie wird selbst davon erzählen, wenn die Zeit dazu ist, wenn sie es selbst weiß.

Ich glaube, Monika erlebte jene staunende Fassungslosigkeit, die in uns ist, wenn wir etwas zum ersten Mal vollbringen, das wir gewollt und herbeigesehnt haben, das aber so unglaublich anmutet, wenn wir es getan haben.

So kniete sie vor dem toten Bock und sie hörte nicht den Schlag der Amsel, nicht das springende Wasser des nahen Bächleins; sie sah nicht das helle Grün der Fichtenspitzen und das Schattenspiel des jungen Buchenlaubes. In diesen Minuten drehte sich die Welt ohne sie, und ich störte sie nicht.

Als Monika sich umwandte, lief ich zu einer kleinen Randfichte und die Schützin erhielt ihren Bruch. Danach zogen wir den Bock ins Altholz. „Laß mich, ich will meinen Bock allein tragen!" Damit bekannte sie sich zu ihrem Schuß, zu dem gestreckten Bock und zur Jagd. Monika war stolz und ich wußte, sie würde zweifeln und triumphieren, sie würde weiterjagen.

Später stiegen wir hinauf zum Kamm. Wir querten die Schotterhalde, als es noch hell war und schauten ins Schobsetal. In einem Graspolster hockten wir und sahen zu, wie über dem Stechberg die ersten Sterne geboren wurden. Erst als ein kühler Wind uns küßte, nahmen wir den Heimweg zur Jagdhütte. Monika schmiegte sich an mich, als wir auf das kleine Holzhaus zugingen.
In der Hütte war es muffig und kühl. Aber es störte uns nicht. Wir fanden feuchte Streichhölzer und entzündeten eine Kerze auf dem dreiarmigen Porzellanleuchter. Dann saßen wir nebeneinander. Wir redeten über die Jagd, philosophierten über Leben und Tod und über die Liebe. Und als der letzte Docht der Kerze flackernd in dem kleinen Wachsnäpfchen verlosch, da war es uns warm und heimlich. In der alten Holzhütte triumphierte das Leben und draußen rauschten die Bergfichten, denn sie wissen ein Geheimnis.

DRITTES KAPITEL

Mein Jagen

„Warum gehst Du eigentlich zur Jagd?“ werde ich oft gefragt. „Weil es mir Spaß macht,“ möchte ich am liebsten antworten, aber das genügt den Fragestellern nicht. Eine Antwort, die Kaninchenzüchtern und Fußballspielern widerspruchslos zugerechnet wird, entlastet den Jäger nicht. Das kommt vor allem daher, weil er Tiere tötet. Und von dieser Tätigkeit haben sich die meisten Fragesteller so weit entfernt, daß sie in der „Normalität ihres Denkens“ keinen seriösen Platz mehr findet. Wenn sie darüber nachdächten, daß der Kaninchenzüchter auch ab und an ein Tier schlachtet, um es zu verwerten, dann käme auch er auf einen unseriösen Platz.
Im Unterschied zu den Tieren hat der Mensch im Lauf der Geschichte alle seine Tätigkeiten kultiviert. Dabei gereicht ihm dieser, für jegliche Weiterentwicklung offenbar nötige Unterschied bei weitem nicht immer zum Guten. Ich vertrete sogar die Auffassung, daß unser Tun umso mehr entartet, je weiter es sich von seinem ursprünglichen Zweck entfernt. Das trifft auf alle Bereiche menschlichen Daseins zu und wird in der Liebe, beim Essen und in der Mode besonders offenkundig. Deshalb habe ich es mir angewöhnt, jegliches Tun, vor allem aber die üblichen Rituale des Lebens daraufhin zu prüfen, ob sie noch einen Zweck erkennen lassen. Auf diese Weise kann man viele Peinlichkeiten vermeiden. Das möge jeder selbst probieren…
Ich habe die Jagd oft unter diesem Gesichtspunkt betrachtet. Auch sie ist nicht frei von entartetem Tun. Das hängt sehr von dem ab, wer es betreibt, und beginnt für mich da, wo Jagen nur noch Repräsentation darstellt und Trophäenkult die Wertung der Dinge bestimmt.
Es gibt „Naturfreunde“, die auf ihrem Balkon einen Berner Sennhund hatten, im Herbst Meisenringe ins Fenster hängen und den Jäger als perversen Schlächter ansehen. Die gute Absicht allein macht es also nicht.

Man kann die Dinge auch anders sehen: Wer einen Hirsch essen will, der muß sich einen erjagen. In Gerstäckers „Jagd und Streifzügen" ist das nachzulesen. Der Mann hat noch aufgrund von Hunger oder wegen eines Lederhemdes und aus Lust gejagt; an keiner Stelle seines vorzüglichen Buches beschreibt Gerstäcker die Endenzahl eines Hirsches und das Alter erwähnt er wohl nur wegen der in Aussicht stehenden Mühe beim Kauen.
Bei aller Verantwortung möchte ich mir die Lust am Jagen und die ursprüngliche Freude am Beutemachten erhalten. Meine Söhne befragten mich einmal zu diesem Thema, als ich gerade wenig Zeit hatte. Ich sagte ihnen damals: „Ich jage, um als Erwachsener noch Indianer spielen zu können." Je länger ich über diese Antwort nachdenke, um so plausibler wird sie mir.

VIERTES KAPITEL

Aller guten Dinge sind vier

Die alte verwachsene Doppelfichte wirft ihren langen Schatten auf die Wiese, über den schmalen Bach, an dem die Trollblumen golden blühen, bis hinüber zum Waldrand. Aus den Holunderhecken klingt das lockende „djet, djet, dieh" der Zeisige, und die Amsel stimmt sich für den Abendgesang. Zwei Hasen treiben sich im Grunde. Der eine macht einen Kegel. Dann äsen sie den saftigen Löwenzahn und die herzhaften Ampferblätter.
Da kann mir die Zeit nicht lang werden, auch wenn ich noch eine Stunde warten muß. Denn ich lauere auf den zurückgesetzten, alten Sechserbock, der hier seinen Einstand hat. Schon im April trug er blanke Stangen und lange im Mai noch die graue Decke des konservativen Seniors. Die ersten Ricken hatten schon gesetzt, da färbte er rot. Von dieser Zeit an wurde er heimlicher. Trotzdem sah ich ihn regelmäßig. Erst als ich auf ihn pirschte, kam immer etwas dazwischen: Zuerst kreuzte Reineke meinen Pfad, dem ich den Schuß nicht versagen konnte – schon der Hasen zuliebe. Darauf war es ein paar Tage still auf der Wiese. Die letzten Himmelschlüssel verblühten, und jetzt tragen die Trollblumen ihre Sonnenfarbe.
Den zweiten Ansitz verdarb mir ein Liebespaar, das den Grasweg von der Jagdhütte herunterpolterte. Man sieht als Jäger oft Liebespaare, ob man will oder nicht und in den unterschiedlichsten Situationen. Das findet mein volles Verständnis. Aber in diesem Fall konnte ich mir keinen rechten Reim machen. Im rechten Arm hielt der junge Mann seine lustig schwatzende Braut und am linken zog er einen halbwüchsigen, aschgrauen Esel hinter sich drein, der sich ruhig verhielt. Ich rechnete mir in jeder Beziehung wenig Chancen aus und stieg kopfschüttelnd von der Kanzel.
Tags darauf saß ich wieder und hatte das Gewehr voller Arg auf den Knien liegen. Da trat ein Jährling auf die Wiese, dem ich auf die

achtzig Meter den Rehbock auch mit dem Fernglas nur mit Mühe ansah. Aufgebrochen wog der Jährling acht Kilo und seine Baststäbchen waren ganze zwei Zentimeter lang; eine kapitale Trophäe für die Kategorie „Hege mit der Büchse“. Nur der außergewöhnlich milde Winter hatte das schwache Bockkitz über die Zeit kommen lassen. Dann gab ich wieder drei Tage Ruhe.

Aber heute will ich es wissen. Ich sitze und warte. Schwerfällig fliegt ein Schwarzspecht über die Wiese und weitab vertut sich ein Kukkuck in der Silbenwahl. Dann wird es immer stiller. Die Sonne rutscht langsam hinter den Gottskopfberg, die ganze Wiese taucht in seinen großen Schatten. Ich schaue hinauf zu den einzeln stehenden Jungfichten. Dort zog der Bock schon im April und dort kümmert auch der Hirschholunder aufgrund seiner Fegestellen. Und plötzlich steht er da. Kein Amselschlag hat ihn angekündigt. Rasch äst er ein paar Schritte vorwärts, dann zieht er spitz bergauf. Das ist der alte Bock, auf den ich aus bin. Das stark vergrößernde Glas beseitigt meinen letzten Zweifel; aller guten Dinge sind wohl vier.

Doch noch habe ich ihn nicht. Der Bock äst dort, wo ich ihn schon oft beobachtete und macht gar keine Anstalten auf die freie Fläche herauszutreten. Erst wenn die Trollblumen ihre Blüten zu festen Kügelchen geschlossen haben und die Dämmerung ihre Schleier über den Grund legt, wird der vorsichtige Alte in die Wiese ziehen. Von meiner Leiter bis hin zum Wild sind es gute hundert Meter, auch wenn das von oben nicht so weit aussieht. Den toten Winkel hinter der Kanzelbrüstung vergißt man schnell beim Entfernungsschätzen. Aber hier weiß ich es genau. Trotzdem will ich mit dem Schuß nicht warten bis es dunkel wird. Deshalb hebe ich den Bergstutzen, entsichere und steche. Eine Weile halte ich das feine Fadenkreuz auf den Bock. Endlich stellt er sich breit, und ich finde das Blatt.

Der alte Sechser macht vier tiefe Fluchten. Dann fällt er vor einer kleinen Fichte in das frische Gras, hebt noch einmal sein Haupt. Bald ist dort keine Bewegung mehr.

Ich warte, bis meine Erregung abgeklungen ist. Dann baume ich ab und steige langsam bergan. Am Anschuß liegen zwei fingerlange Lungenfetzen, und eine hellrote Schweißfährte führt bis hin zum letzten Bett des kapitalen Bockes. Als ich ihn in Besitz nehme und den letzten Bissen in den noch weichen Äser schiebe, spüre ich den Triumph über meine Beute, untersuche den gut sitzenden Schuß und freue mich über das knuffige, gut geperlte Gehörn mit den weißen

Spitzen. Ich bin nicht in Eile. Langsam verrichte ich die rote Arbeit, schütte den Schweiß aus dem Wildkörper und lasse den Bock etwas auskühlen. Um mich herum ist Nacht, als ich das sperrige Wild im Rucksack verstaue und mit meiner Last ins Tal marschiere.
Den grünen Bruch am Hut, kommen mir bereits neue Gedanken: Fraglos hängt über meiner Schulter ein kapitaler Abschußbock, über dessen Inbesitznahme ich stolz bin. Aber machen wir nicht allzuoft Teile der Natur zum Opfer unserer Eitelkeit und besitzt die Natur immer die Kraft, die nötig ist, um ihre Teile wieder zu ersetzen?

FÜNFTES KAPITEL

Schwarzwildlotto

Den ganzen Winter hindurch fährteten wir im Esbach einen starken Keiler. Unstet zog er seine Fährte zwischen Ilm und Wohlrose. Er inspizierte die Fütterungen an der Apfelallee und im Fichtenort, brach auf den kahlen Maisschlägen und dort, wo die Bauern beim Dungstreuen die Schichten etwas dicker gemacht hatten. Jedenfalls wußte er es immer so einzurichten, daß wir zwar über seine Eingriffe staunten, ihn aber leiblich nie zu Gesicht bekamen. Nun war dieser Winter ohnehin nicht besonders schneereich, und durchgehend weiß blieb es nur in der zweiten und dritten Februarwoche. Ich weiß das noch, weil meine Söhne in dieser Zeit Winterferien hatten und mich beim Füttern begleiteten. Gern hätte ich den Keiler ausgelaufen oder das zumindest versucht. Aber das gelang nicht. Teils wegen des fehlenden Schnees und auch, weil der Keiler den ganzen März über verschwunden blieb. Dafür führten die ersten Bachen, und die kleinen Schalenabdrücke der Schweinekinder zeichneten die letzten Schneeflächen im März.

Die jagdarme, aber für den beobachtenden Jäger so interessante Zeit brach an, und der Keiler geriet etwas in Vergessenheit. Wir reparierten die Ansitzleitern und bauten eine neue Kanzel am Schlag über der Wildkammer. So nennen wir eine Fichtendickung, in der sich häufig Wild einstellt. Diese Kanzel erhielt eine bequeme Bank, ausreichende Schießluken und eine Leiter, die nicht knarrte. Das geschah vorerst ohne konkrete Jagdabsichten, nur weil der Platz sich anbot und wegen der Rehe natürlich, die wir auf dem Schlag erwarteten. Im April wurde die Kanzel fertig und als wir die Baustelle aufräumten, da entdeckten wir sie wieder, die handtellergroßen Eingriffe unseres Keilers. Offensichtlich pendelte er jetzt zwischen Schlag und Apfelallee und brach besonders gern auf den grasbewachsenen Mittelstreifen der Waldwege, dort, wo die Erde schwarz und moorig war. Für eine Pirsch war die Sache zu unsicher, zumal der Mond nicht schien.

Am 26. Mai war der Mond wieder voll. Das war ein Donnerstag und das ganze Wochenende versprach gute Jagd. Wir mußten nur ausmachen, wer sich wo ansetzen sollte. Die Ortswahl beschränkte sich auf Klaus und mich, da sich der Keiler natürlich nicht in unsere Disposition einbeziehen ließ. Wie beim Lotto sollte der Zufall die Regie führen, wir ließen das Los entscheiden. Klaus zog das längere Holz und hatte die Wahl. Er entschied sich für die neue Kanzel, wohl weil er annahm, der Keiler werde im Bestand eher rege sein als an der Apfelallee in Straßennähe, wo mein Ansitzort sein würde.

In der achten Abendstunde bezogen wir unsere Posten. Nach einer Stunde machte der Mond schon allerhand Licht, aber selbst Halogenstrahler hätten uns nichts genutzt. Der Keiler verzichtete auf eine Visite.

Am nächsten Tag probierten wir es wieder. Vor meiner Kanzel zogen zwei Böcke den Waldrand entlang, die mir alle Hochachtung abrangen. Der erste, vielleicht fünfjährig, trug ein Sechsergehörn, das in Höhe und Auslage für unsere Reviere beispielgebend war. Sicher hätte man sich etwas mehr Masse gewünscht, aber mit den blanken Spitzen prahlte es gewaltig. Selbst der hinterherziehende Bock wäre noch ein handgeschnitztes Brettchen wert gewesen. Aber mein Sinn stand nicht nach Rehen, und diese beiden guten Vererber wurden ohnehin erst am Ende der Blattzeit interessant. Ich hatte freie Büchse auf den Keiler, falls der kommen sollte. Die Böcke ästen ein wenig und verschwanden dann zwischen Kiefernanflug und verdorrten Apfelbäumen. Der noch unbestellte Wildacker lag leer vor mir und nach einer Stunde tauchte ihn der aufsteigende Vollmond in milchiges Licht. Damit war wenigstens für Büchsenlicht gesorgt; optimistisch lehnte ich mich in Wartestellung. Dabei stellte ich mir vor, daß Klaus einen Kilometer entfernt das gleiche tat und sich dieselben Hoffnungen machte. Aber es verging eine weitere lange Stunde ohne Anblick, bis ich leise Tritte vernahm. Vorsichtig lehnte ich mich aus der Luke. Tatsächlich, der Keiler hatte sich für mich entschieden.

Auf der mondbeschienenen Brache wirkte seine Silhouette besonders hoch und vermittelte den Eindruck kapitaler Größe. Ich konnte mich nicht entsinnen, jemals einen so hohen Keiler gesehen zu haben. Der steuerte direkt auf ein paar liegengebliebene, frostfaule Rosenkohlstrunke zu und trollte dabei unter der Kanzel vorbei. Da

K.-P. Reif

es hier besonders hell war, wagte ich den Schuß. Eingedenk des steilen Winkels setzte ich den Zielstachel fast in die Federn. Als ich den Rückstecher betätigte, verhoffte der Basse und in diesem Moment drückte ich ab. Nach wenigen Gängen brach der klobige Wildkörper zusammen und bald erstarb auch das Schlegeln der Läufe.
Seltsam ruhig waren meine Hände, als ich die Bockbüchsflinte gewohnheitsmäßig nachlud und auf die gegenüberliegende Sitzbank legte. Ich lehnte mich zurück, überdachte noch einmal das Erlebte und ließ alle Spannung in mir abklingen. Nach einer halben Stunde kam Klaus den Weg heruntergeleuchtet. Anerkennend begutachtete er das kapitale Gewaff, legte mir den Bruch auf den Hut und meinte: „Schwarzwildlotto. Ich zog die Niete!"

SECHSTES KAPITEL

Max – mein erster Bock

In der Hand halte ich das präparierte Gehörn eines schwachen Spießbockes. Die spärlichen Stangen sind noch im Bast und kaum fingerlang. Hohe dünne Stirnzapfen und die Knochenstruktur der Schädeldecke lassen deutlich erkennen, daß es sich um einen schwachen Jährling handelt. Auf der Rückseite des Trophäenschildes steht: 6. 6. 79/Jägerquelle/20 m, FLG/18 kg.

Ich betrachte dieses unscheinbare Spießergehörn gern. Es verkörpert die Erinnerung an meinen ersten erfolgreichen Ansitz auf ein Stück Rehwild, an meine erste Jagd mit der Waffe überhaupt, und so sehr ich es mir wünsche, daß dem noch viele weitere folgen, so genau weiß ich auch, daß diese geringe Trophäe immer ihren Ehrenplatz behalten wird. Den ersten Bock vergißt man nicht!

Als ich ihn das erste Mal sah, saß ich mit Rudi, meinem Jagdleiter, auf der hohen Kanzel über dem Wildacker. Unter uns lag die Fläche für die Futterkulturen, umsäumt von verwilderter Wiese und einzeln stehenden Jungfichten. Talwärts murmelte ein kleiner Waldbach, der von der wenige hundert Meter oberhalb liegenden Jägerquelle gespeist wird. Dort hatten wir eine Salzlecke angelegt.

An diesem Tag lag die Jagdflinte das erste Mal auf meinen Knien, und ich blickte erwartungsfroh in die Runde. Mit lautem „hiiep, hiiep“ flog ein Schwarzspecht über die freie Fläche. Dann trat ein Schmalreh aus und wenige Minuten später der junge Bock. Die Ansprache war eindeutig: Schwacher Spießer im Bast, Kategorie IIc, abschußnotwendig, wie wir Menschen zu sagen pflegen.

Aufmunternd deutete Rudi auf die Waffe und flüsterte: „Na, mach schon mal Zielübungen“. Zielübungen hatte ich bereits oft gemacht, doch bislang nur auf die Pappscheibe „stehender Bock“. Da verharrt das dargestellte Wild erhobenen Hauptes reglos in Linksrichtung. Unser Spießer ähnelte diesem Klischee nur sehr entfernt. Spielerisch

zupfte er sich die Leckerbissen vom Halm, naschte hier am Sauerampfer und dort am Frühjahrstrieb einer Jungfichte. Dabei wechselte er ständig seinen Standort. Für kurze Zeit stand er völlig frei im niedrigen Gras, dann verschwand er wieder teilweise oder ganz hinter vertrockneten Disteln und Brombeerranken. Dazu kam meine Aufregung. Das Herz schlug mir in den Hals, und meine Hände wollten die Waffe nicht ruhig halten. Irgendwie war ich froh, als der junge Bock sich immer weiter entfernte und endlich, längst außer Schußweite der Doppelflinte, im jungen Bestand verschwand.
Ich entlud die Waffe und auf unserem Heimweg erzählte mir Rudi, daß der junge Bock noch einen gleichstarken Bruder besaß. Beide, Max und Moritz geheißen, waren Abschußböcke. Auch wenn man den vergangenen harten Winter in Rechnung stellte, war ihre Veranlagung zu gering.
Nach diesem Abend stand mein Entschluß fest. Max sollte mein erster Bock werden. Ein zweifelsfreier Hegeabschuß, denn die Weidgenossen schauen auf den Jungjäger. Sie bewerten nicht nur den Schuß, sondern auch das Wild, und Bescheidenheit ist in solcher Situation allemal von Vorteil.
So bestieg ich am darauffolgenden Dienstag den Sitz an der Jägerquelle, legte Rucksack und Fernglas ab und schob zwei Hubertus „Treffer" in die Zwölfer-Doppelflinte, deren Gewehrnummer mit einer 104 endete. Von hier aus konnte ich den talwärts liegenden jungen Bestand bis zum Wildacker gut einsehen. Vor mir lag eine kleine Waldwiese, die stark nach Bärwurz duftete. Es ist seltsam, aber immer, wenn ich an dieses Erlebnis denke, dann empfinde ich auch diesen Geruch, so eindeutig und so stark, als hätte ich gerade eine Bärwurzpflanze zwischen meinen Fingern zerrieben. Die Sonne schien noch, als ich Max schon im Glas hatte, oder war es Moritz? Er äste weit unter mir in den Brombeeren, gerade dort, wo er das letzte Mal eingewechselt war. Für einen Schuß war das noch viel zu weit, aber vielleicht nahm er noch meine Richtung,es ist ja lange hell im Juni.
Plötzlich stand ein zweiter Bock in den Büschen und nach ein paar ruckartigen Kopfbewegungen preschte er auf Max zu, um den vermeintlichen Rivalen aus dem Revier zu jagen. Kampflos überließ der dem offensichtlich Stärkeren den Platz und sprang mit raschen Fluchten zu mir herauf. Fast auf gleicher Höhe mit meiner Leiter kam der Bock zum Stehen. Die karge Waldwiese neidete ihm

niemand. Mir hätte er keinen größeren Gefallen tun können. Schnell beruhigte sich der Bock und äste im Halbkreis um meine Leiter, nie mehr als zwanzig, dreißig Meter von mir entfernt. Ich konnte ihn ganz genau ansprechen. Allein mit dem Wild war ich auch ruhiger. Entsichert hatte ich schon, als der Bock auf mich zukam. Leise zog ich den Gewehrkolben an die Schulter und nahm den Wildkörper ins Visier. Lange verweilte der Zielstachel auf dem Blatt. Ich atmete nochmals tief durch, um meine Erregung niederzukämpfen. Als der junge Bock den Kopf hob, um ins Tal zu sichern, drückte ich den Abzug. Laut donnerte der Schuß. In fünf, sechs Fluchten stürzte der Bock mit tiefem Hals nach vorn. Dann lag er im Gras und schlegelte mit den Läufen. Ich saß starr, nur meine Knie zitterten.
Als auf der Wiese wieder Ruhe war, stieg ich von meiner Leiter und ging die paar Schritte zu dem gestreckten Wild. Behutsam legte ich den Inbesitznahmebruch auf den Einschuß. Als letzten Bissen schob ich einen Fichtendreispitz in den weichen Äser. Erst als die Schatten der Fichten bis hinunter ins Tal reichten, beendete ich meine Totenwacht.

SIEBTES KAPITEL

Dianas Gunst

Zu Vesper hingen schwarze Wolken überm Stechberg und seinem höchsten Buckel, dem Brandskopf. Anschließend verdunkelten sie den Schobsegrund und machten auch vorm Tragberg nicht halt. Zwei Windböen kämmten die Jungfichten. Dann fielen große Tropfen. Das ging so bis zum Abend. Jetzt wird der grobe Regen zu feinem Niesel. Der verhängt den Waldweg und bringt die Holunderblätter zum Glänzen.

Ich staune und pirsche den Hangweg entlang. Über mir droht der Hexenstein mit seinen fast sechshundert Metern. Gegen den Himmel ragen drei geschlossene Kanzeln. Wie alte Trutzburgen stehen sie über dem Berg und einer Geröllrutsche. Darunter werden die Fichten erwachsen und nehmen den Hochsitzen jedes Jahr einen halben Meter von ihrem Schrecken. In einer Gruppe wilder Königskerzen endet der verwachsene Fußweg. Ich meide die nassen Stauden und taste mich mit vorsichtigen Schritten über einen ausgefahrenen, schotterbelegten Querweg. Dann schlüpfte ich zwischen die Ebereschen und bin unsichtbar. Vorsichtig drücke ich mich durch Vogelbeeren und Holunderzweige, durch Brombeeren und Brennesseln, bis die Haldenwiese vor mir liegt. Die zeigt ihr junges Grün, das dem Wild als Äsung dient und das wir zu Bergheu machen für die Notzeit. Hier oben wächst kein Krummet, gemäht wird erst im August.

Auf der hektargroßen Fläche ist keine Bewegung, so daß ich Muße habe, die Okulare meines Fernglases trocken zu wischen. Dann stehe ich ein paar Minuten still, bis sich auf der anderen Seite der Holunder teilt und ein grauer Kopf herausschaut. Ich rühre mich nicht vom Fleck und beobachte gespannt mein Gegenüber. Der steht genauso reglos wie ich. Sicher suchen seine Lichter über die Wiese, aber das kann ich nur vermuten. So geht das eine Minute lang. Dann zeigt der

K.-P. Reif

graue Kopf nach links und talwärts schiebt ihn ein dünner Hals. Ein grauer Körper auf schlanken Läufen folgt. Deutlich sehe ich die schwarzen Fesselflecke an den schlanken Läufen. Jetzt wage ich es, das Fernglas zu heben. Die scharfe Optik holt den alten Bock bis auf zwanzig Gänge zu mir herüber.
Dieser Anblick ist beachtenswert. Das Gehörn, das der Alte zwischen den Lauschern trägt, lohnt jede Anstrengung. Die Stangen sind braun und stumpf vereckt. Bis an die Spitzen geperlt ist der knorrige Sechser. Auf breiten Rosen steht die lauscherhohe Krone. Ein Erntebock, der seine besten Jahre schon hinter sich hat, äst vor mir auf der Wiese.
Die Haldenwiese, wie wir sie nennen, liegt sechshundert Meter über dem Meeresspiegel. Hangab schütten die Dumper den Abraum der nahen Flußspatgrube zu einer braunen Böschung tauben Bodens, der sich nur langsam begrünt. In regelmäßigen Abständen hallt der Schlag schweren Eisens herüber, der entsteht, wenn die Bergleute mit Stangen Transportkübel der stählernen Hunte bearbeiten, weil die ihre lehmige Last beim Auskippen nicht hergeben wollen. In der Luft schwimmt manchmal der Geruch heißen Öles, der an siedende Krapfen erinnert. Am Kienberg wird der Schwerspat im Tagebau geschürft. Wenn die Detonationswelle der Sprengungen die Schobse entlang rollt, verlassen die Finken erschrocken das bergende Gezweig und den Hähern verschlägt es den rauhen Schnabel.
Trotzdem reifen hier oben, rund um die sagenbeschriebene Wüstung Sagsdorf, beachtenswerte Böcke heran. Sie werden meist alt, denn außer der Haldenwiese gibt es kaum Blößen, auf denen die Jagd gelingt. Am aussichtsreichsten ist hier der Ansitz mit der Blatter in der Brunftzeit. Das Liebeswerben der einsamen Ricke, gekonnt vorgetragen, führt zu interessanten Begegnungen. Aber heute bin ich dieser Mühe enthoben. Zu dieser Stunde stehe ich in Dianas Gunst und will sie nutzen.
Die Decke des alten Bockes wirkt grau. Nun traut er sich weiter auf die Wiese heraus und äst. Dabei wirft er immer wieder auf. Er findet erst nach einer Weile zu der Sicherheit, die seiner Würde im eigenen Revier zusteht. Aber sein Instinkt hat ihn nicht getäuscht. Je sicherer er sich fühlt, um so größer wird die Gefahr für ihn. Ganz langsam stecke ich das Fernglas unter die nasse Bluse und nehme meine Waffe vom Rücken. Vorsichtig äst der Bock mir entgegen. Naß und kalt liegt das Laufbündel des Bergstutzens in meiner linken Hand.

Langsam drücke ich den Sicherungsschieber nach vorn. Jetzt wirft der Bock auf und zieht forsch hangaufwärts. Er wird doch nicht? Nein, jetzt äst er wieder, unbesorgt, wie es scheint. Diana ist nicht mit dem Bock!
Der Zielstachel fährt den Vorderlauf hinauf, verweilt auf dem Brustkern und geht dann noch eine Handbreit nach hinten. Jetzt. Durchs Zielglas sehe ich den Todessprung des Alten. Langsam setze ich das Gewehr ab und stehe still.
Dann führt meine Spur hinüber zum letzten Bett des Bockes. Dort liegt purpurroter Schweiß auf den großen Wegerichblättern. Um mich herum fällt feiner Niesel. Ich vergesse die Flußspatgrube, das versunkene Sagsdorf und koste Dianas Gunst, die töten kann.

ACHTES KAPITEL

Der Gastbock

Am Wochenende kommt ein Jagdgast, der einen Bock schießen soll. Sein Gewehr bringt er mit, aber den Bock, den bekommt er von uns. Deshalb heißt dieser: der Gastbock.
In unserem Land haben Jagdgäste wenig Zeit oder andere Verdienste. Deshalb ist es gut, wenn der Gastbock für sie schon „angebunden" ist, was ausdrücken soll, daß er an bekannter Stelle und zu bekannter Zeit austritt und einwechselt. Für den Gast ist der Bock dann sicher. Für den Bock ist die Sache todsicher.
Nun ist die Zeit des rauschebärtigen Oberförsters, der, genau wie sein Teckel Waldmann, alles Wild im Revier kennt, seit einigen Jahren vorüber. Die Umwälzungen in der Landwirtschaft taten ein Übriges, um Zeitplan und althergebrachtes Verhalten unseres Wildes durcheinanderzubringen.
So kam es, daß der „Strick", an dem der Bock angebunden werden kann, mit den Jahren immer länger und dünner wurde.
Ein von störenden Einflüssen noch weitgehend unberührter Flecken meines Revieres ist die Wiese um den Wildacker. Hier gelingt es noch am ehesten, einen Gastbock anzubinden. Hier ist der Strick noch am zuverlässigsten. Also zog ich auftragsgemäß zur Waldwiese, setzte mich in meine Doppelfichte und studierte die Gepflogenheiten der dort ansässigen Rehe.
Am ersten Tag zeigten sich drei: Eine Ricke und zwei Schmalrehe, die ich bereits von der Zeit her kannte, als sie noch Kitze waren, genau wie der ausgestorbene Oberförster. Danach kamen zwei Urlauber, die ich nicht kannte. Dann kam nichts mehr.
Am zweiten Tag erschienen die Rehe von gestern, anstelle der Urlauber ein Bock mit hoher Sechserkrone, der mir noch nicht reif vorkam. Als ich abbaumte, da stand am unteren Hang noch ein hoffnungsvoller Gabler.

Am Mittwoch konnte ich aus beruflichen Gründen nicht binden. Die Abende am Donnerstag und Freitag bescherten mir das bekannte Bild mit wechselndem Anteil an weiblichem Wild. Für den Gast blieb nur der eigentlich noch zu junge Sechser, der kurz vor zwanzig Uhr zu erscheinen pflegte. Wegen der oft schon viel früher austretenden Ricken schien der Ansitz ab achtzehn Uhr angezeigt. Damit war alles gerichtet. Der honorige Gast konnte kommen.
Am Samstag kam ein Anruf, der den Gast entschuldigte. Mir war das sehr recht und dem Bock war es das sicher auch. In der Woche darauf band ich ihn wieder los. Doch seinen Namen hat er behalten. Und wenn er so zuverlässig bleibt, darf er im nächsten Jahr wieder der Gastbock sein. Vielleicht zum letzten Mal?

NEUNTES KAPITEL

Schlechte Jagd auf einen guten Bock

Manchmal läuft man wochenlang nach einem Stück Wild. Gerade dieses soll es sein, kein anderes. Der Trophäe wegen, wegen seiner Heimlichkeit, aufgrund früherer Begegnungen oder weil sein Einstandsgebiet so schwierig zu bejagen ist. Es gibt eine Reihe von Gründen für diese Art der Besessenheit, die mit den Jahren zunimmt. Vornan steht wohl immer der Ehrgeiz, das Ziel, sich selbst zu bestätigen und gerade dieses Wild zu überlisten. Das kostet viel Zeit. Man kann bei solcher Jagd auch allerhand seines Selbstvertrauens verlieren; auch an Glaubwürdigkeit, wenn man gar zu oft als Schneider aus dem Walde kommt.

Deshalb sind jene Zufallsbegegnungen so reizvoll, die dem Jäger unverhofften Anblick bieten: Begegnungen mit kapitalem Wild, das man zu dieser Zeit und an diesem Ort nicht vermutete. Ein grober Keiler kann das sein, der in der Rausche zugewechselt ist, oder ein alter Bock, von dem man bisher bloß die Fegestellen kannte und dem nur noch knuffige Spieße auf breitgelaufenen Dachrosen stehen. Dazu zählt auch die Begegnung mit dem alten Fuchsrüden oder gar der Anblick eines reifen Hirsches in der Brunft, von dem man bisher nur die Trittsiegel sah.

Eine solche Begegnung währt oft nur Augenblicke, entsteht ganz unvermittelt und erfordert schnelles Entscheiden und rasches Handeln. Ob der Jäger mit offenem Mund dem flüchtigen Wild hinterherschaut oder sich den Schützenbruch an den Hut steckt, das macht dabei den Unterschied.

Eine derartige Zufallsbegegnung hatte ich an jenem Sonntagmorgen, als ich mit Klaus bis in die sechste Morgenstunde im Esbach auf Sauen ansaß. Wir warteten im Altholz auf die einwechselnde Rotte, aber vergeblich. Die Sonne machte bereits den Morgentau glitzern, als wir von unseren Kanzeln stiegen. Achselzuckend trennten wir

uns. Während Klaus die Waldwege ablaufen wollte, verließ ich das Altholz und pirschte an der Feldkante entlang. Der leichte Wind stand gut. Am wolkenlosen Himmel sang die Lerche ihr Morgenlied. Daß mir hohes Taugras die Knie patschnaß machte, verdroß mich anfangs. Aber schon nach wenigen Schritten war ich so durchnäßt, daß ich nicht mehr auf die wasserglänzenden Halme achtete. Stattdessen zog ein Reh meine Aufmerksamkeit auf sich. Es wechselte von der Ilm herüber direkt auf mich zu. Das Glas zeigte mir einen starken Bock. Zwischen den Lauschern und ein Stück darüber war alles braun. Knuffige Sechserstangen endeten in kurzen weißen Spitzen. Dem langsamen Ziehen nach, Träger und Ziemer bildeten fast eine Linie, nicht nur ein kapitaler, sondern auch ein reifer Bock, den ich sofort besitzen wollte. Obwohl der Begehrte noch gut zweihundert Gänge vor mir war, traute ich mich nicht zurück ins Holz. So ließ ich die Bockbüchsflinte von der Schulter gleiten, ging in Voranschlag und blieb reglos stehen. Wenn ich ruhig stand, würde mich der Bock beim Anlaufen kaum ausmachen, zumal er mit Querwind auf mich zuwechselte.
Der Alte hielt seine Richtung und verhoffte nicht ein einziges Mal. Dabei wurde mein Pulsschlag immer schneller und kräftiger. Durch tiefes Atmen versuchte ich, meiner Erregung Herr zu bleiben. Bis auf etwa sechzig Gänge hielt ich das aus. Hier war der Wiesenboden wohl besonders sauer, denn die Halme des kümmernden Grases boten freie Sicht auf den roten Wildkörper. Langsam schwenkte ich die Waffe mit und ohne den Bock anzupfeifen, schoß ich auf ihn. Sicher war das nicht richtig. Vielleicht hatte ich auch zu lange im Voranschlag gestanden oder unmerklich ein wenig gemuckt, das heißt, die Waffe beim Abfeuern nach unten verrissen. Jedenfalls keilte der Bock nach hinten aus, hetzte in langen Sprüngen an mir vorbei und verschwand im Wald, dort, wo der alte Graben parallel zur Waldkante läuft.
Angestrengt lauschte ich, konnte aber keine Fluchten mehr vernehmen. Vielleicht liegt er doch, der Kapitale? Mechanisch lud ich nach und lief zum Anschuß. Schon nach wenigen Metern fand ich schmutzigen Schweiß in den Halmen: Weidwund mußte der Schuß sitzen. Ich folgte der Rotfährte bis zum Graben. Dort lag der Bock in der grünen Kresse mit erhobenem Haupt und er wurde hoch und preschte weiter, ehe ich den Fangschuß anbringen konnte. Dabei trat er mit dem Hinterlauf Gescheide aus der aufgerissenen Bauchdecke.

K.-P. Reif

Mein zweiter Fehler: Ich hätte dem Bock nicht sofort folgen dürfen, hätte ihn länger krank werden lassen müssen. Beim Anblick des Wundbettes zog es mir den Hals zusammen. Welche Qualen hatte er jetzt auszustehen. Ich mußte ihn bekommen und zur Strecke bringen, sofort!

Und damit beging ich den dritten Fehler: Bei seinem Zustand konnte die mutmaßliche letzte Flucht des Bockes nicht mehr weit gegangen sein. Das nahm ich an und unterschätzte dabei gewaltig seine Lebenskraft. Abermals lief ich die Wundfährte aus, die dem unwegsamen Graben folgte. Nach vierzig Schritten stieß ich wieder auf den geschundenen Bock. Der wurde erneut hoch und fassungslos sah ich zu, wie er mit scheinbar gesunden Sprüngen den feuchten Graben verließ und hundert Meter oberhalb seiner Gesundfährte zur Ilm zurückwechselte. Erst als er schon die halbe Wiese hinter sich hatte, war ich dazu fähig, die Waffe aufzunehmen. Ich schoß hinter dem gemarterten Wild her, verfehlte jedoch das Ziel. Vor dem Ilmufer verschwand der Bock in einem Streifen hoher Brennesseln. Wenn er bloß nicht noch versucht, den Fluß zu durchrinnen.

Da kam Klaus auf mich zu, den meine Schüsse neugierig gemacht hatten. Bedrückt gab ich Bericht. Mein Freund kniff die Lippen zusammen. Nach einer halben Stunde traten wir in die Brennesseln. Unser beider Schatten fiel auf den Kapitalen, der auf der Seite lag und nun nicht wieder hoch wurde. Seine gebrochenen Lichter waren eine Anklage und der gestreckte Hals Ausdruck seines letzten Schmerzes.

Schweigend kniete ich nieder und kein Triumph kam in mir hoch, als ich den stärksten Bock des Jahres 1983 in Besitz nahm.

ZEHNTES KAPITEL

Der Fehlabschuß

Jeder Mensch erlebt im Laufe der Zeit Dinge, über die er überhaupt nicht, nicht gern oder noch nicht spricht. Mit dem Älterwerden entwickelt sich unsere Wertung der Dinge bis auf wenige Ausnahmen in der genannten Folge. Das geschieht teils, weil etwas unwichtig geworden ist, oder aber, weil man noch etwas viel Schlimmeres erlebt hat.

Als ich meinen 70. Rehbock schoß, oder besser, als ich ihn in Besitz nahm, erlebte ich etwas, über das ich noch nicht sprechen kann. Meine Jagdgefährtin Damaris war dabei. Auch sie möchte über das Ereignis noch nicht sprechen. Aber es hat sie so bewegt, daß sie es aufschreiben mußte und ich darf ihre Schilderung hier wiedergeben:

Seit zwei Tagen jagen sich meine Gedanken, treiben sich auf engstem Raum, ohne das ich es vermag, ihnen Einhalt zu gebieten. Nur wenn Kundschaft in meine kleine Werkstatt gekommen ist und ich mich auf deren Wünsche und Vorstellungen konzentrieren muß, dann habe ich einen winzigen Moment Ruhe. Danach nehmen sie sofort wieder von mir Besitz und drehen sich wie ein mächtiger Strudel. In die Mitte dieses Strudels legt mir die Erinnerung ein Bild:

Auf trockener, brauner Nadelstreu unter hohen Altfichten hingestreckt liegt ein Bock. Von hier aus sind es fünfzig Gänge bis zu der Stelle auf der blühenden Waldwiese, da ihm die Kugel ins Leben fuhr. Der Bock ist noch nicht rot. Die Reste seiner Winterdecke geben ihm eine fahle Farbe. Sein Kopf ist dunkel, nur um die Lichter ist ein grauer Ring. Zwischen den Lauschern trägt er ein Gehörn, wie man es wohl nicht sehr oft bei uns zu sehen bekommt. Sehr lang sind die Stangen nicht, so um drei Zentimeter über Lauscher, und auch die Enden sind kurz. Doch die Stärke der Rosen und der Stangen ist beeindruckend, ebenso die Perlung.

So wie er da lag, ein feistes, starkes Tier, gab es für Bernd und mich keine Frage: Ein kapitaler Erntebock, der wohl seine sechs Jahre auf der Decke hat und nun zurücksetzt. Dafür sprach auch die Knuffigkeit des Gehörnes sowie die Masseverlagerung nach unten. Ich war ruhig und froh gewesen über den Ausgang dieses Jagdtages. Zudem hatte ich das Empfinden, daß es meinem Gefährten nicht anders ging. Waren wir doch am Ende eines warmen Tages, ohne den Zwang, der Jagd die Krone aufzusetzen, zum Ansitz gezogen...

Stunden später hielten wir fassungslos den freipräparierten Unterkiefer in unseren Händen und wollten es nicht wahrhaben. Der „Alte" war ein Jährling! Da steht man plötzlich ganz allein mit sich und unzähligen Gedanken, mit dem aufkeimenden Bewußtsein des eigenen Versagens, der damit verbundenen Schuld und mit immer neuen Entschuldigungen, die versuchen, die anklagenden Stimmen zu ersticken. Nur unbedingte Ehrlichkeit beendet diese Qual!

War es denn wirklich nicht zu erkennen, daß der Bock so jung war? Vom Habitus, vom Körperbau und von der Stärke her mit Sicherheit nicht. Einen stärkeren Bock habe ich noch nie im Anblick gehabt. Das späte Verfärben gilt als Indiz für alte oder kranke Stücke. Und krank war er ganz sicher nicht. Wir hatten ihn lange genug beobachtet. Er war langsam aus dem Hochwald in die Wiese am Hang gezogen und hatte geruhsam und lange geäst. Die kurze Strecke, die er zog, legte er nicht mit hocherhobenem Haupt zurück. Er hielt seinen Hals nach vorn gestreckt, so, als ob er schwer zu tragen hätte. Reicht das als Entschuldigung für den „alten Bock"? Warum hat es uns nicht nachdenklich gemacht, daß unser „Alter" schon bei gutem Licht und fast vertraut austrat? Er sicherte kaum, als er auf die Wiese zog, und während der Viertelstunde, die wir ihn beobachteten, hob er nur einmal ernsthaft den Kopf, um zum Altholz hin zu sichern. Verließen wir uns so endgültig auf seine Maske, daß uns die Verhaltensmerkmale eines jüngeren Bockes nicht ins Bewußtsein drangen? Und doch hatten wir kurz vorher noch davon gesprochen, daß nach neueren Forschungen die Farbe des Gesichtes kein Beleg für das Alter des Rehes sein soll.

Noch höre ich die Frage meines Freundes, was ich wohl über das Alter des Bockes denke. Nach der Erscheinung hielt ich ihn für vier- bis fünfjährig. Es bestand für mich kein Zweifel, daß es sich um einen jagdbaren Bock handle. Denn für dieses Alter und nach dem milden Winter wäre das Gehörn nicht lang und nicht vereckt genug gewe-

sen. Doch für einen Jährling war es bei weitem lang und vereckt genug und seine Stärke macht die Geschichte noch schlimmer.
Für unsere Verhältnisse war er wirklich außerordentlich veranlagt. Sein Gewicht war nicht das eines Jährlings. Bernd meinte, es wäre der schwerste Bock, den er je aus dem Wald getragen hätte und er hätte ein gutes Gewichtsgedächtnis.
Eine Entschuldigung? Nein, ein Schlag mehr ins Gesicht des Hegers. Warum quälen mich eigentlich diese Gedanken? Ich könnte mich doch recht ruhig hinstellen und darauf verweisen, daß schließlich nicht ich der Jäger war und daß der die Verantwortung trägt, der die Waffe führt?
Nein, das gilt nicht. Denn ich war dabei und nicht nur nebenbei dabei. Habe ich doch gefiebert ab dem ersten Augenblick, habe für mich abgewogen und beobachtet. Prinzipiell ist es für mich ohne Bedeutung, wer den Schuß löst. Ohne Zweifel, ich hätte auch geschossen!
Warum dieses Hin und Her in meinem Inneren? Ist es die Angst vor der Erkenntnis, daß die eigene Nachlässigkeit die Chance, einen starken Rehwildbestand im Revier heranzuziehen, um etliches geschmälert hat?
Oder ist es meine unbändige Liebe zur Schöpfung, deren kleines und sicher wichtiges Teilchen seine ihm zugedachte Aufgabe nun nicht mehr erfüllen kann?
So unumkehrbar, wie der Bruchteil einer Sekunde über das Schicksal des Jährlings entschied, so endgültig und rational werde ich diese Frage wohl nie beantworten können. Doch nun will ich keine Entschuldigungen mehr finden. Ich kann den schmerzenden Fleck in meinem Inneren nicht gänzlich tilgen, aber ich will alles tun, damit er allein bleibt.

ELFTES KAPITEL

Wildschaden

Aus der Wildschadensmeldung ging hervor, daß es sich um zwei Ar, also um zweihundert Quadratmeter Kartoffelacker gehandelt hatte. Der Besitzer mußte es ja wissen. Seiner verwüsteten Fläche war es jedenfalls nicht mehr anzusehen. Warum die Sauen ausgerechnet das schmale Handtuch zwischen Gleiskörper und Landstraße ausgewählt hatten, blieb unklar. Entsprach diese Kartoffelsorte so sehr ihrem Geschmack, daß sie den Genuß des Leckerbissens über die Gefahr ständiger Unruhe stellten, oder verhieß ihnen der reichlich eingebrachte Stalldung mehr Würmer und Insektenlarven als der große LPG-Schlag unter der Friedenshöhe, den sie auf ihrem Weg zum Tatort unberührt liegen ließen?

Wie dem auch gewesen sein mochte, es mußte etwas unternommen werden. Bisher hatten unsere Ablenkfütterungen die Schwarzkittel im Holz gehalten. Nun gingen sie zu Schaden ,und es sollten härtere Maßnahmen ergriffen werden. Zum Glück war gerade zunehmender Mond, also die notwendige Jagd wenigstens hierdurch begünstigt. Sich direkt an den verwüsteten Kartoffelbeeten anzusetzen, wie es der verbitterte Besitzer vorschlug, versprach jedoch wenig Aussicht auf Erfolg, zumal die Nähe von Gleiskörper und Straße jede Jagd verbot. Wir besetzten vielmehr verstärkt die Hauptwechsel und beschickten die Kirrungen unweit günstiger Ansitzmöglichkeiten. Täglich eine Handvoll Mais, gerade so viel, daß das Interesse der Sauen aufrecht erhalten werden konnte. Der Erfolg stellte sich bald ein. Allmorgendlich waren die Kirrstellen abgeräumt. Die Trittsiegel gaben Auskunft über unsere nächtlichen Gäste. Da es fast täglich regnete, waren die Fährtenbilder immer recht gut auszumachen. Gemischte Rotten, vor allem Bachen mit Frischlingen, besuchten die Kirrungen. Kapitale Stücke fährteten wir nicht. Sauen gab es genug, dafür fehlte uns das zur Jagd notwendige Licht. Der Mond war erst

K-P. Reif

halb voll und immer zogen Wolken am Himmel. Endlich wurde das Wetter besser. Zuerst schoß Karl-Heinz am Kamm zwei Frischlinge. Das spornte mich gewaltig an. Am Donnerstag setzte ich mich über die Kirrung am Wildacker. Zwanzig Uhr saß ich, einundzwanzig Uhr war ich zum ersten Mal naß, eine Stunde später trat Rehwild aus, dann wurde es dunkel. Dreiundzwanzig Uhr war ich das zweite Mal naß und um Mitternacht zu Hause. Am nächsten Morgen war die Kirrung leer. Ich legte nochmals Mais aus. Dann rollte ich Steine darüber, damit nicht Vögel und Rehe den Leckerbissen verbrauchten, bevor die kamen, denen er zugedacht war. Und am Abend saß ich wieder auf der Leiter in der alten Fichte. Diesmal eine Stunde später. Rehe kamen nicht, auch keine Sauen. Dabei wurde es gerade an diesem Tag etwas heller. So um Mitternacht schaute der Mond durch windgetriebene Wolkenfetzen und die Bäume warfen fahle Schatten hinter sich. Da schlich Reineke durchs Blattwerk unter den Ebereschen, setzte vorsichtig seine Pfoten ins nasse Gras und äugte zur Salzlecke hinüber. Ich war damals noch so jagdbeflissen, daß ich den erwarteten Sauen entsagte. Dem Fuchs schickte ich die Schrotladung auf den Pelz. Als sich der Rotrock gestreckt hatte, stieg ich von der Leiter. Der starke Rüde im wertlosen Sommerbalg konnte mir die Sauen nun schon nicht mehr ersetzen. Als ich den Fuchs am nächsten Tag im Schweiße meines enttäuschten Angesichtes einen letzten Bau in den steinigen Hang grub, bereute ich den Schuß schon fast.
Den Samstag ließ ich aus, weil die Stimmung meiner nichtjagenden, aber meist hinreichend verständnisvollen Frau in dieser Woche eskalierte. Und am Sonntag mußte ich Arno zum Schein überreden. Mit trauriger Miene und hilflosem Schulterzucken verabschiedete ich mich daheim. Mit dem Gesichtsausdruck erfolgreicher Verschwörer eilten wir in den Hochwald an der alten Suhle. In diesem Jahr war ja überall Suhle. Es regnete schon wieder. Wir trennten uns. Arno setzte sich direkt an das Moorbad der Sauen. Ich bestieg eine Leiter am Wechsel.
Eine Stunde vor Mitternacht – bei mir waren wieder nur Rehe über die Wiesenränder gezogen – hallte erst ein Schuß durch die Nacht, danach Arnos Ruf: „Komm hoch“! Das versprach Erfolg. Geschwind stolperte ich durch die nasse Dickung, gab Blinkzeichen und spähte suchend in den Lichtkegel von Arnos Taschenlampe. „Hier stand der Koffer. Dann habe ich geschossen und er ist blasend davonmarschiert“. Das war sein Kommentar. Trotzdem suchten wir

nach. Bald fanden wir auch den Einschuß. Das Flintenlaufgeschoß hatte ein teekannengroßes Loch unter einen Wurmfarnbüschel gestampft. Bei diesem Licht konnte man „Koffer“ und Farnkrautbüschel schon miteinander verwechseln. Obwohl mir die Umstände und Arnos verblüfftes Gesicht alle Ursache dazu gaben, lachte ich nicht. Am Montag fuhr ich mit meinem Jagdleiter in den Revierteil Kranichsruhe. Der Jagdleiter stiefelte zu seiner Kirrung im oberen Lohmetal. Ich nahm hinter dem ehemaligen Offenstall meinen Ansitz ein. Wieder zogen dunkle Wolken vom Stechberg herüber und wie gestern knallte es eine Stunde vor Mitternacht. Auch das Ergebnis war dasselbe. Eigentlich war es noch schlechter, denn bei der vergeblichen Begutachtung des Anschusses strauchelte ich im Unterholz. Dabei verlor ich eine Patrone aus dem Gürtel. Das stellte stundenlanges Suchen am nächsten Tag in Aussicht, im ungünstigen Falle eine Verlustmeldung. Unendlich viele Möglichkeiten gibt es, einen Urlaub zu gestalten...

Währenddessen waren die Sauen wieder an meiner Kirrung gewesen. Obwohl ich todmüde war, wollte ich Dianas Gunst noch einmal versuchen. Meine Strategie war die: Von zwanzig bis zweiundzwanzig Uhr wollte ich an der Jägerquelle auf den roten Bock warten; danach Wechsel zur Kirrung am Wildacker. Zwischen die Steinhaufen, die ich über die Maiskörner getürmt hatte, steckte ich große Zweige. Die sollten mir im Halbdunkel verraten, ob die Sauen vielleicht doch schon vorher hier waren. Ich hielt das für unwahrscheinlich, aber im Umgang mit Sauen gibt es ja kaum etwas, was unmöglich ist.

Von meiner Leiter aus sah ich zwei Böcke. Einen schwachen Spießer, aber der war zu weit weg für das Flintenlaufgeschoß, und einen Zukunftsbock in guter Entfernung. Ärgerlich war ich trotzdem nicht. Ich hatte Anblick, und nach Schwarzwild stand mir ja der Sinn. Nach meinem Stellungswechsel saß ich kaum, da begann es zu regnen. Wie ein grauer Vorhang verhüllte der Niesel den Gotteskopf. Doch bald wehte der späte Wind die feinen Tropfen auch zu mir herüber. Trotz meiner nassen Knie harrte ich aus. Auch als die Bewölkung noch dichter wurde, blieb ich sitzen. Wenn ich schon nicht zum Schuß kam, hatte ich mir so in den Kopf gesetzt, zu erkunden, wer meinen Mais so raffiniert entfernt und wann er das tut. Nach Mitternacht wurde es etwas heller, der Regen hörte auf, und das gab mir letztlich auch die Kraft, weiter zu warten.

Endlich, es mochte eine halbe Stunde vergangen sein, bei der meine Hose auf den Knien langsam trocknete, da trollten zwei Schatten über die Wiese. Sie liefen hintereinander. Im hohen Gras sahen die Sauen aus wie riesenhafte Wühlmäuse. Hätte ich sie nicht gesehen, hätte ich sie nicht bemerkt, denn zu hören waren sie nicht, obgleich sie nun keine dreißig Gänge mehr von mir entfernt waren. Ich hob das Fernglas und suchte die Fährte noch nach Frischlingen ab, ohne Ergebnis. Sicher zwei Überläuferkeiler, die von der Rotte abgedrängt worden waren.
Da das Licht gerade günstig war, zögerte ich nicht länger. Ich schoß dem vorderen der beiden das Flintenlaufgeschoß in die Seite. Der Schwarzkittel lag sofort, während der zweite in der nassen Fährte drehte und schleunigst Reißaus nahm. Ohne abzuwarten stieg ich völlig durchfroren von meiner Leiter. Dem Keilerchen legte ich einen Strick um den Leib und zog ihn ohne Unterbrechung bis zum Talteich. Dadurch wurde mir wieder warm, zudem hatte ich den Kirrplatz auch nicht unnötig verwittert. Der Keiler war nicht groß, aber durch ihn gewann ich damals mein Selbstvertrauen wieder. Damals wurde mir klar, daß der wiederholte Ansitz auf Sauen, jeden Abend ein paar Stunden, vertane Zeit ist. Wer Erfolg haben will muß warten bis der Mond ausreichend leuchtet und dann die ganze Nacht sitzen!
Mein Urlaub war zu Ende. Mit dem festen Vorsatz, die Flinte abzugeben und einmal richtig auszuschlafen, ging ich zum Jagdleiter. Aber mit der Büchsflinte auf dem Rücken verließ ich den Waffenstützpunkt wieder. Im Esbach lagen auch noch Kartoffelschläge, in denen die Sauen zu Schaden gingen, und dort gab es eine Kirrung mit vielversprechenden Wechseln.
In einer Lehrveranstaltung erzählte ich davon – wenn meine Studenten wenig Neigung zum Studium hatten, ließen sie mich gern einmal von der Jagd erzählen – und Bodo, der weitab von seinem Revier für die Hauptprüfung büffelte, bot seine Unterstützung an. Schnell waren wir uns einig. Mit den Worten „wenn es nicht zu stark regnet, hole ich Dich ab“, trennten wir uns.
Am folgenden Freitag regnete es nicht so stark. Als wir auf der geräumigen, erst vor wenigen Wochen fertiggestellten Kanzel Platz nahmen, schien die Abendsonne schüchtern in die Apfelallee. Sogleich bot uns ein jagdbarer Bock, der zwischen den Apfelbäumen zum wer weiß wievielten Male seine Decke zu trocknen suchte, guten Anblick.

Wir freuten uns an der Begegnung und pardonierten den Kapitalen, der bald auch unerreichbar für unsere Kugel in den Kieferkuscheln verschwand. Danach trübte es sich wieder ein. Das Wetter ging seiner gewohnten Tätigkeit nach. Bodo hatte sichtlich Spaß an den paar Stunden, die wir gemeinsam, aber doch irgendwie jeder für sich, in der freien Natur verbrachten. Und als der Regen schwerer wurde, meinte er frohgelaunt: „Ein besseres Sauwetter kann es gar nicht geben".

Mein Körper entsann sich bald der vielen durchwachten Nächte. Nur mit Mühe hielt ich mich leidlich wach. Trotzdem konnte ich es nicht vermeiden, daß mir der Kopf ein paarmal auf die Brust viel. Plötzlich stieß mir mein Gefährte den Ellbogen in die Seite und flüsterte: „Jetzt kommen sie". Die junge Nacht hatte dem Wald die

Farbe genommen. Tatsächlich sah ich bald durch meine Luke, wie zwei Sauen hintereinander auf die Kirrung zuwechselten. Während ich die Büchsflinte aufnahm und entsicherte, hielt Bodo nach Frischlingen Ausschau. Auch dieses Mal handelte es sich offensichtlich um zwei einzelne Stücke. Im Nachtglas hoben sich die Wildkörper zwar gut von ihrer Umgebung ab, aber durchs Zielfernrohr waren sie nur als verwaschene Silhouetten zu erkennen. Ich habe in solchen Fällen immer den Eindruck, als flimmere das Bild um den Zielstachel wie auf einem schlechten Bildschirm. Deshalb zauderte ich recht lange mit dem Schuß, machte immer wieder Probeanschläge und ließ mir von Bodo zuflüstern, wie die Sauen denn ständen und auf welcher Seite das Haupt sei. Die beiden hatten inzwischen jede Scheu abgelegt, bedrängten sich gegenseitig auf der Kirrung, nahmen gar einander an und änderten so ständig ihre Position.
Bodo mag die Zeit dabei länger geworden sein als mir. Aber warum sollte ich einen leichtfertigen Schuß riskieren, um Minuten zu sparen, aber mit der Aussicht, sich vielleicht stundenlang darüber zu ärgern. Obendrein war es auch spannend. Endlich stieg einer der Schwarzkittel auf die helle Fläche über der zerwühlten Kirrung. Nun war der Kontrast etwas besser. Ich konnte den Wildkörper auch im Zielfernrohr leidlich ausmachen. Vorerst zeigte noch der Pürzel zu mir, dann fuhr das Gebrech nach rechts . Endlich hatte ich das Stück breit. Da rutschte mir das Gewehr von der linken Hand und schlug hart auf den Rand des Kanzelfensters. Bodo holte tief Luft, ich fast gar keine. Aber die Sauen hatten wohl nichts vernommen; jedenfalls reagierten sie überhaupt nicht. Sorgfältig zielte ich nun und führte den Zielstachel ins vordere Drittel des dunklen Klumpens. Ohne Echo verhallte der peitschende Knall.
Soweit ich das trotz des Mündungsfeuers mitbekommen hatte, mußte das Wild liegen. Schon flüsterte mein Gefährte: „Es liegt und schlegelt, lade nach“! Die zweite Kugel blieb im Lauf. An der Kirrung wurde es rasch still. Es war wie eine Erlösung, als mir Bodo auf die Schulter schlug und „Weidmannsheil“ wünschte, denn das Jagdfieber hatte mich nun doch geschüttelt
Langsam packten wir zusammen und stiegen von der Kanzel. Am Anschuß lag ein starker Überläuferkeiler, dem der Schweiß als dünner, roter Faden aus dem bleistiftstarken Einschuß im rechten Blatt rann. Gemeinsam schleppten wir den Keiler über die Wiese und verrichteten im Licht der Autoscheinwerfer die rote Arbeit. Bald

stolperte Bodo den regennassen Weg entlang. Endlich kehrte er mit einer Handvoll Eichenzweige zurück. Keiler und Schütze erhielten ihren Bruch. Nach diesem schönen Brauch bestärkte ein fester Händedruck die Erinnerung an einen spannungsreichen Nachtansitz, bei dem jeder sein Teil zum Gelingen beigetragen hatte.
Diese Augenblicke der Besinnung nach erlebnisreicher Jagd, nach Ansitz oder Pirsch, die Freude über das Jagdglück des Weidgenossen ohne Neid sind für mich sehr wichtig. Nicht jeder wird diese Momente in gleicher Tiefe erleben. Das ist eine Mentalitätsfrage. Und nicht jeder meint seinen Händedruck ehrlich. Das hängt sehr vom Charakter und vom eigenen Erfolg ab. Wir beide jedenfalls meinten es ehrlich, als wir damals im schlammigen Esbach neben unserer Beute standen,und dieser gemeinsame Ansitz sollte nicht unser letzter gewesen sein.
Obwohl ich aller Wahrscheinlichkeit nach nicht die für den Wildschaden direkt Verantwortlichen getroffen hatte, waren die zwei Keiler und der Fuchs nebenher eine schöne Strecke. Mit dieser Gewißheit reinigte ich das Gewehr und brachte es zurück in den Waffenstützpunkt. Als ich ohne Flinte zurückkam, bot mir meine Frau das erste freundliche Lächeln nach zwei Wochen.

ZWÖLFTES KAPITEL

Mörderbock

Der erste Juli ist ein unfreundlicher, für die Jahreszeit viel zu kühler Sonntag. Nur wenige Ausflügler nehmen ihren Weg in die Waldschenke über der Stadt und die wenigen, die heraufgepilgert sind, verzichten auf einen Spaziergang entlang der Waldkante mit Blick auf Gehren, die Talteiche und den Singerberg im Hintergrund.
Deshalb will ich es heute versuchen, den alten Bock an der Waldkante zu überlisten. Wir lernten uns bei einem Pirschgang kennen. Er stand äsend im Feld. Als ich aus dem Wald trat, warf er auf und äugte mir entgegen. Dabei bewegte er seinen Unterkiefer weiter. Luzernehalme standen ihm links und rechts aus dem Äser hervor. Deutlich erkannte ich sein graues Gesicht und darüber die langen, spitzen Stangen zwischen den nach vorn gedrehten Lauschern. Das Gehörn eines Mörderbockes. Doch als ich das Fernglas hob, hielt er mit Kauen inne und sprang ab. Seither hatte ich viel Pech an dieser Stelle.
Als ich das erste Mal auf den Bock ansaß, da trat er an einer anderen Stelle aus. Das war zu weit für das Flintenlaufgeschoß.
Ein weiteres Mal trat der Alte gerade unter dem Hochsitz aus, nahm Wind von meinem dort abgelegten Rucksack und verschwand, ohne die Sache weiter zu prüfen. Sein höhnisches „bööh, bööh“ habe ich noch gut in den Ohren.
Letzten Montag schließlich, als alles sich gut anschickte, als ich den Kandidat schon durch das Zielfernrohr betrachtete, da veranlaßten ihn fröhlich plaudernde Urlauber zum Abspringen. Sie nahmen weder den Bock auf dem Feld, geschweige denn mich auf meiner Leiter wahr.
Vorsichtig erklimme ich heute meinen Posten. Der Rucksack kommt diesmal mit nach oben. Argwöhnisch äuge ich in Richtung Wanderweg. Der Wind bläst mir in den Rücken. Der Bock muß mit ihm kommen. Doch eine lange halbe Stunde geschieht nichts. Ich vertrei-

be mir schon die Zeit damit, die Autos auf der fernen Chaussee zu zählen. Offenbar wollen mehr Leute von Ilmenau nach Gehren als umgekehrt.
Jetzt tritt hundert Meter links vor mir ein Reh auf den Gerstenschlag. Glas hoch. Es ist eine Ricke oder ein Schmalreh, dem auch beim wiederholten Betrachten kein Gehörn wächst. In dunklen Streifen durchziehen saftige Wicken und Luzerne den bald erntereifen Gerstenschlag. Diesen Streifen folgt das Reh und äst. Plötzlich höre ich ein hartes Stampfen, direkt unter mir. Ich wage es kaum, meinen Kopf zu bewegen. Links unter dem Hochsitz steht der alte Spießer und plätzt. Dann zieht er um die Leiter herum, dort haut er eine kleine Eberesche zu Schanden. Genau sehe ich seine langen Stangen mit den weißen Spitzen, weit über die Lauscher hoch, links keine, rechts eine schwache Vereckung – ein richtiges Mördergehörn. Stolz und kraftvoll steht der Rehbock unter mir. Fast ist er zum Greifen nahe. Aber so kann ich nicht auf ihn schießen. Unwillkürlich muß ich daran denken, daß er hier schon einmal meinen Rucksack gefunden hat. Er wird doch nicht wieder Verdacht schöpfen? Ist meine Witterung schon aus dem Gras?
Endlich wendet er sich zum Feld und zieht mit gesenktem Haupt nach rechts in die Gerste. Das ist gut, denn so hat er meinen Wind nicht. Aber wo will er nun hin? Unbeeindruckt schreitet der Bock durch den ersten Wickenstreifen. Schon ist er vierzig Gänge von mir weg. Ich sehe nur noch Ziemer und Spiegel von ihm. Längst beobachte ich sein Benehmen durchs Zielfernrohr, längst schlägt mir das Herz im Halse. Meine letzte Chance besteht darin, den Bock anzurufen, in der Hoffnung, daß er mir beim Aufwerfen die Seite zeigt und ich zum Schuß komme.
In diesem Augenblick hebt er den Kopf. Offensichtlich hat er die äsende Ricke vernommen, denn seine Lauscher spielen in ihre Richtung.
Es ist das letzte Bild, das er eräugt. Beim Drehen seines Körpers zeigt der Zielstachel auf das Blatt und ich drücke den hinteren Abzug. Im Rollen des Schusses rutscht der Bock zusammen. Erschrocken springt die ahnungslose Ricke zurück ins Altholz.
Ich bleibe noch ein Viertelstündchen, lausche den Grillen und warte bis der Grund im Schatten liegt. Dann ist mein Jagdfieber vergangen. Langsam steige ich von der Leiter und trete durch die Gerste. Ich nehme den Hut ab und blicke versonnen auf die Spitzen der er-

sehnten Trophäe. Ein Mörderbock? Er erlebt die Blattzeit nicht, so wird er den Beweis nicht antreten müssen.
Ich gebe dem kapitalen Bock den letzten Bissen. Mir stecke ich den grünen, schweißgetränkten Schützenbruch an den Hut und an der zerfetzten Eberesche verrichte ich die rote Arbeit.

DREIZEHNTES KAPITEL

Viele Mücken und ein Pirschbock

Über Nacht ist es schön geworden. Ein böiger Ostwind hat die dichten Regenwolken beiseitegefegt, und nachmittags schien die Sonne. Im Wald duftete es nach Moos und Pilzen, nach goldgelbem Harz und brauner Borke. Wer Jäger ist, der schmeckt und riecht die Farben, spürt wie alles lebt und atmet.

Am alten Mühlgraben schmatzt der moorige Boden unter unseren Stiefelsohlen. Vorsichtig klettern wir über den Stamm einer gefallenen Weide, die an dieser Stelle als Brücke dient. Links und rechts springen die Frösche vom Grabenrand in das brackige Wasser. Darüber tanzen die Mücken, daß schon beim Zusehen der Hals juckt. Zwanzig Meter vor uns sitzt ein kleiner Buntspecht im Astzwiesel einer Erle. Altklug hält er seinen Kopf schräg und äugt uns erwartungsvoll entgegen.

Der vielleicht knietiefe Wassergraben ist an manchen Stellen so sehr verlandet, daß keine Strömung mehr zu erkennen ist. Er bildete einst die Grenze zwischen Wald und Wiese. Aber in den letzten dreißig Jahren hat niemand mehr nach dem Wasser geschaut, deshalb hat sich auch das der Wiese zugewandte Ufer mit Erlenbüschen und Weidensträuchern umstockt. In diesen Wirrwarr hat Klaus einen Pirschpfad gehauen, der uns gute Deckung liefert, aber doch an vielen Stellen den Blick auf die Wiese rechts vor uns gestattet.

Bald sehen wir zwei Rehe. Ricke und Kitz setzen in kurzen, hohen Sprüngen durch das saure Gras. Wir blicken den beiden hinterher, bis sie in den tellergroßen Pestwurzblättern verschwunden sind. Unseren Wind kann die Ricke nicht gehabt haben. Wahrscheinlich waren wir doch zu laut. Und ein Auge auf dem Pirschsteig, eins auf der Wiese, so schleichen wir weiter. Vor uns werden die Sträucher immer lichter. Dann verläßt der Pfad die Deckung. Nun gehen wir auf der Wiese weiter und müssen noch mehr aufpassen.

Weit vor uns taucht ein roter Körper durch die Zweige. Schnell lege ich Klaus die Hand auf die Schulter. Reglos verharren wir in den hohen Brennesseln. Ein junger Bock zieht dort zur Äsung. Im Fernglas erscheint sein spitzes Spießergehörn nicht einmal lauscherhoch. Der Jährling tritt noch ein paar Schritte auf die Wiese und zupft dann an den ersten Halmen. Dabei dreht er von uns weg. So können wir noch ein paar Schritte wagen. Als er wieder aufwirft, sind wir bis auf gute achtzig Meter heran. Nach meinem Dafürhalten ist es ein Abschußbock, aber Klaus meint, am Gehörn eine Vereckung zu erkennen. Es ist sein Hegegebiet, er muß entscheiden.
Je länger wir so stehen, um so lästiger werden die Mücken. Zeigefinger und Daumen halten das Fernglas, die noch freien Extremitäten fahren über Wangen und Nase, um die aufdringlichen Insekten zu vertreiben. Nun entschließt sich Klaus doch zum Schuß. Er entsichert den Drilling und tritt hinter mich, um die Waffe auf meiner Schulter aufzulegen. Als ob der Bock den Ernst seiner Lage gespürt habe, wirft er auf und dreht direkt auf uns zu. Er äugt und seine Lauscher spielen, um auch das leiseste Geräusch einzufangen. Man überschätzt in solchen Momenten die verstrichene Zeit gewaltig, aber zwei Minuten vergingen so. Mein Kamerad hatte zwar den Bock im Visier, aber spitz von vorn kann er nicht schießen. Im Gegensatz dazu unterwerfen sich die Mücken keinem Zwang. Sie machen sich höchst unangenehm bemerkbar. Ich halte das Fernglas vor die Augen und drücke in Erwartung des Büchsenknalles mit dem Daumen mein rechtes Ohr zu. Dabei werden die Bisse der nun ungestört operierenden Mücken bald unerträglich. Ich rechne es Klaus hoch an, daß er mir die Plagegeister wenigstens ab und zu aus dem Genick streicht. Es ist von großem Vorteil, daß uns so niemand sieht. Wir stehen, scheinbar grundlos, wie ein Partisanendenkmal reglos am Ort. Mannhaft ertragen wir das Märtyrium der Insekten.
Endlich nimmt Klaus das Gewehr von meiner Schulter und flüstert resigniert: „Ab jetzt schießt Du“! Gleich darauf senkt der Bock seinen Äser wieder ins Gras. Erleichtert tauschen wir unsere Plätze. Nun geht alles sehr rasch. Wieder wirft der Bock auf. Trotz seiner Jugend beherrscht er schon die Täuschung des Scheinäsens. Dann äugt er zu uns und tritt bereits etwas in Richtung Wald. Ich atme schon nicht mehr seit das Gewehr auf den Schulterstücken mit den zwei Eicheln des Revierförsters liegt. Dann fahre ich mit dem Zielstachel den Vorderlauf hoch. Ich drücke den Stecher der fremden

Waffe. Im Knall fällt der Bock. „Weidmannsheil, da liegt er“, sagt Klaus. Ich behalte die Stelle genau im Auge und noch bevor der Satz richtig ausgesprochen ist, sehe ich den Bock hoch werden. Steifbeinig zieht er zum Mühlgraben. „Weidmannsdank, da geht er“. Fragt sich, wohin und wie weit noch. Aber es ist noch lange hell. Wir haben trotz meiner Enttäuschung keine Eile, an den Anschuß zu kommen.
Langsam klappe ich die Waffe auf und ziehe die leere Patronenhülse aus dem Kugellauf. Mein Kamerad steckt sich eine Zigarette an, dann gehen wir vorwärts. An der Stelle, die wir uns als Anschuß gemerkt hatten, ist gar nichts zu sehen. Während Klaus schon den Wassergraben in Augenschein nimmt, gehe ich langsam weiter. Es sind noch einige Schritte bis zu dem Platz, an dem die Kugel den Bock umwarf. Viel Schweiß liegt hier. Das Gras ist niedergedrückt. Ich verfolge die Rotfährte. Auf der Grabenböschung liegt der Bock, den Kopf schon im Wasser. Er hat einen Leberschuß.
Der Spießer erhält seinen Bruch aus der Erle am Moorgraben, unter der er zur Äsung zog und unter die er zurück wollte, als das Blei ihm das Leben zerriß. Seine rechte Stange besitzt tatsächlich eine kleine Vereckung. Aber der Bock ist sehr schwach, seine Lauscher sind noch ein ganzes Stück länger als die dünnen Spieße. Trotz der vom Geruch frischen Blutes nun scharenweise angelockten Mücken schärfen wir dem Wild an Ort und Stelle die Decke auf. Die Innereien werden entfernt und die Brandadern geöffnet. In den hohlen Körper kommt ein blattreicher Ast, so daß die Fliegen ein wenig abgehalten werden und der Körper auskühlen kann. Nach der roten Arbeit ziehe ich eine Birke zu Boden. Klaus hängt den Kopf des Bockes in eine Astgabel. Dann schnellt das Stämmchen mit unserer Beute wieder nach oben. So kann der Spießer bis zum Morgen hängen und wir müssen nicht fürchten, daß der Fuchs ihn anschneidet.
Unmerklich ist die Zeit vergangen. Leise zog die Dämmerung ins Esbach. Noch immer treiben die Mücken ihr peinigendes Spiel. Flache Nebel ducken sich von der Ilm her über die Wiese. Im alten Graben quarren die Frösche, vor uns singt der Erlenzeisig.

VIERZEHNTES KAPITEL

Froschregen

Ein warmer Sommerwind bläst kleine Wellen vor das Schilfröhricht. Darüber spielen dichte Mückenschwaden, streben auseinander und fahren wieder zusammen. Kaum zu folgen vermag das Auge dem zackigen Flug der Libellen.

Am Talteich quillt die Kinderstube über. Tausende kleine Wasserfrösche krabbeln und hüpfen ungelenk über die Uferböschung. In schier endloser Folge strömen die pfenniggroßen Lurche auf den schlammigen Waldweg, den steinigen Zulauf entlang und sogar hinauf ins Nadelpolster des Fichtenhochwaldes.

Gerade sind hundert kleine Frösche in ihrer neuen Umwelt versikkert, schon kommen tausend Geschwister, Vettern und Basen hinterdrein. So war es gestern schon und auch vorgestern.

Ich schaue in das von der Abendsonne beschienene Wasser, als wäre dort abzulesen, wie lange der quirlige Vorrat noch reichen wird. Bald müßte der Wald voller Frösche sein. Wenn das so weiter geht, wird ihr Gequarre der Nacht die Stille nehmen. Dann müssen wir Störche anfordern, um der Plage Herr zu werden. Aber soweit kommt es nicht. In den vergangenen Jahren ist die Katastrophe auch immer ausgeblieben. Trotzdem fiel fast in jedem Sommer der „Froschregen“, wie es in alten Büchern heißt. Vier oder fünf Tage hielt er an, dann versiegte der Strom der kleinen Lurche.

Aber heute stehe ich mittendrin im „Froschregen“. Unentwegt steigen die schleimigen Gesellen aus dem Teich, der sie gebären half. Ohne Rast fliehen sie von diesem Ort, so als würde ihnen hier eine grausige Gefahr erwachsen. Meine großen Stiefel haben Mühe, ein freies Plätzchen zu finden, denn ich will keines der Froschkinder zertreten. Ente und Igel, die Krähe, das Wiesel und noch hundert andere Gefahren einer rauhen Umwelt sorgen schon dafür, daß ihrer nicht zu viele werden.

Wir wissen heute, daß die Froschkinder nicht vom Himmel regnen. Aber wie es kommt, daß alle Elternfrösche einer Gegend zur gleichen Zeit an demselben Tümpel in die Flitterwochen hüpfen, das wissen wir nicht. Seit Urzeiten ist das so, und die Frösche kommen jeden Sommer hierher zurück, auch wenn wir Felder umackern und Zäune aufrichten oder eine Asphaltstraße vor den Teich legen, tun sie das, so gut es ihnen gelingt. Alle Frösche bleiben ihrem Hochzeitsteich treu. Wenn ihr Teich vergeht, dann sterben auch sie. Jeder für sich und zu seiner Zeit, aber nach ein paar Jahren die Letzten.
Umsichtige Menschen helfen den Fröschen. Sie bauen ihnen Brükken und Tunnel, die zu ihren Hochzeitsteichen führen, und in der Zeit des „Froschregens" leiten sie den Verkehr um. Das hilft den Fröschen ein wenig, denn der Letzte stirbt so ein paar Jahre später. Dann wird er für immer ausbleiben, der „Froschregen" an unseren Tümpeln und Teichen.
Damit das nicht geschieht, müssen wir alle früher umsichtig sein und unsere Augen aufmachen, bevor wir die nutzlosen Tümpel trockenlegen, ehe wir Straßen vor Teiche bauen, Felder anlegen und Zäune aufstellen. Bevor wir die Welt der Menschen einrichten, müssen wir sie auch aus der Sicht der Tiere betrachten.

FÜNFZEHNTES KAPITEL

Polterabend

Arno schneidet dicke Scheiben vom knusperbraunen Spießbraten. Lachende Gesichter sind rundum. „Horrido“ und „Weidmannsheil“ heißt es, wenn die Schnapsgläser an die Lippen fahren. Und wer als rechter Jäger gelten will, der hält den Becher mit der linken Hand. Unsere Jagdfreundin Judith feiert ihren Polterabend. Klaus hat als Brautvater mit Liebe und Geschick eine „Fütterung“ in den Garten gestellt, an der die frohen Gäste Platz finden. Und es genügt, wenn ich meinen Kameraden auf den fettriefenden Fang schaue, um zu wissen, wie gut es allen schmeckt. In der grünen Ecke, dort wo die Jäger sitzen, sind die Lieder besonders laut, die Witze derb und die Geschichten am farbigsten. Es ist wie so oft, unabhängig vom Anlaß kreisen viele Gespräche um die Jagd. Burghard erzählt gerade, wie sein erster Bock beim Überreichen des Schützenbruches zwischen ihm und dem Jagdleiter wieder hoch wurde, weil er ihn nur gekrellt hatte. Und man erfährt, was dieser Fuchs und jener Hase so alles angestellt haben, um ihren Balg zu retten.
Auch Rolf nimmt das Wort. Ihm ist in der Nacht zum Dienstag ein Keiler vor die Flinte gelaufen. Doch ehe er zu Schusse kam, ist er wieder davongeprescht, hat ohne ersichtlichen Grund geblasen und geschlagen. Dann ist er noch einmal wie wild auf der Kirrung umhergestampft. Rolf geht schon lange Jahre zur Jagd, aber solches Verhalten konnte er bislang nicht beobachten. Vielleicht war der Keiler tollwütig. Nun wollte er ihm unbedingt die Kugel antragen, fehlte aber und ging dann kopfschüttelnd nach Hause.
Während dieser Schilderung wechselt Rudi vieldeutige Blicke mit mir. Zögernd entschließe ich mich endlich, mit der Sprache herauszurücken. Das fällt schwer, aber Ehrlichkeit ist ja auch eine Tugend. Ich war am Montagabend ebenfalls auf Ansitz. Aber um etwas Verständnis zu finden, muß ich weiter ausholen:

Die Zeit, da Jäger in die Wälder zogen, weil sie zu Hause nichts mehr zu Essen hatten, ist zwar vorüber, zumindest in unseren Breiten, aber die Aussicht, einen Frischling zu erlegen und ihn als Schützenanteil dem heimischen Herde zuzuführen, bleibt doch verlockend. Wer schon einmal Wildschwein vom Spieß gegessen hat, der weiß wie vorzüglich das schmeckt. Und wer es noch nicht gegessen hat, dem kann man es nicht erklären.
Besagte Frischlinge haben jetzt so etwa acht Kilo Wildbret unter ihrer jungen Schwarte. Sie sind leicht zu schießen, am besten mit Schrot, auch wenn's eigentlich nicht statthaft ist. Die Kugel und das

Flintenlaufgeschoß zerstören das begehrte Wildbret zu brutal. „Die kleinen Schwarzkittel haut der Bleihagel um wie nasse Säcke", so die Aussage alter Weidgenossen.
Jedenfalls nahm ich die Doppelflinte, setzte mich an eine aussichtsreiche Kirrung und wartete auf die Sauen mit ihrem schmackhaften Nachwuchs. Da einige Geburtstage ins Jägerhaus standen, versprach ich mir neben Fleisch noch Ruhm. Aber es kam anders.
Fährten waren an der Kirrung. So wartete ich nicht auf gut Glück. Gegen zweiundzwanzig Uhr knallte es dann hinterm Gotteskopf. Bald darauf sah ich Frischlinge über den Acker ziehen. Ob sie allein oder die Nachhut ihrer Rotte waren, konnte ich nicht ausmachen. Jedenfalls hatten sie eine meinen Vorstellungen entsprechende Größe. Es verging eine lange halbe Stunde, ohne das irgendwelche Sauen bei mir eintrafen. Dafür bewölkte sich der Himmel vorübergehend so sehr, daß ich die Patrone mit dem Flintenlaufgeschoß aus dem linken Lauf nahm, um sie gegen eine Schrotpatrone einzutauschen. Geduldig wartete ich weiter.
Endlich vernahm ich leises Knacken. Die Frischlinge kommen! Das war für mich selbstverständlich, nur auf sie hatte ich so lange gewartet. Im hohen Gras konnte ich bald auch die Umrisse eines Wildkörpers erkennen. Das einsetzende Schmatzen und gelegentliches Blasen war Musik für meine Ohren. Ich wartete eine Weile, bis das Licht etwas heller wurde. Der Frischling, den ich am besten sah, hatte die Größe eines abgelegten Rucksackes und im Vertrauen auf die Wirkung der Schrotgarbe drückte ich endlich ab.
Was nun kam, ähnelte nicht dem Umfallen nasser Säcke. Meine Frischlinge quirlten durch das Gras und sprangen zum Wildbach davon. Das hörte sich an wie wuchtige Sätze. Nach und nach wurde es völlig still, bis es plötzlich unter mir grunzte und blies. Doch da war ich schon von der Leiter, um den verendenden Frischling nach dem Gehör möglichst schnell zu finden.
Der Strahl meiner Lampe fiel eben erst auf das vom Abendtau nasse Gras, als mit heftigem Blasen ein Überläufer auf mich losfuhr, der gut die vierfache Größe von dem hatte, den ich beschossen zu haben glaubte. Zum Glück hatte ich die Leiter noch hinter mir. Flugs war ich wieder oben. Ans Schießen hatte ich gar nicht gedacht. Der Schwarzkittel stuffte noch ein paarmal in meinen Fußabdrücken herum, dann polterte er endlich davon. Als mir die Luft völlig rein schien, sauste ich zu meinem Moped und klapperte nach Hause.

Bei Klaus brannte noch Licht. Der saß mit Rudi neben einem Überläufer und mehreren Flaschen Bier. Beide hatten fröhliches Weidmannsheil auf ihren verschwitzten Gesichtern. Ich beichtete mein Erlebnis. Vorsichtshalber fuhren wir alle drei noch einmal zum Kirrplatz. Da war aber nichts. Keine Schußzeichen, verständlicherweise, und auch kein Wild, bedauerlicherweise.
Ich schlief sehr schlecht und mit bösen Träumen. Als der Morgen kam dachte ich nur: „Die unschuldigen Pilzsucher tun mir leid". Dann ging ich zur Arbeit. Volle acht Stunden wartete ich auf eine telephonische Hiobsbotschaft, die zum Glück ausblieb. Gleich nach Feierabend unternahmen wir mit Jörgs Hunden noch eine Kontrollsuche, die auch nur bestätigte, daß die beschossene Sau auf und davon war.
Sicher war die ausgelassene Feier noch die beste Kulisse für meine wahrheitsgetreue Aufklärung. Tatsächlich hielten sich Schadenfreude und Tadel die Waage.
Fröhlich nahm das Fest seinen Fortgang, bis die Holzscheite unter dem leeren Bratspieß knackend verglühten und die Flaschen immer langsamer kreisten.
Doch dieser Polterabend wird mir in Erinnerung bleiben; der bei Judith im Garten, aber auch der am Montag im Walde.

SECHZEHNTES KAPITEL

Heuwerbung

Seit gestern haben wir unser Heu drinnen. Lange genug haben wir uns damit beschäftigt. Tagsüber mit unseren Händen, nachts mit unseren Hirnen – ein Alp von sechs Wochen Dauer. Aber das Heu von gestern ist noch nicht so alt.

„Heuwerbung“. Das klingt wie überreden oder überzeugen, im schlechtesten Fall mit unlauteren Mitteln. Beim Heumachen trifft diese amtsdeutsche Wortumschreibung nicht den Kern. Mit Überreden ist da nichts und mit Bestechen ebenso wenig; beim Heu nicht und beim Wetter schon gar nicht.

Zuerst wurde die Haldenwiese gemäht. Wir kamen nicht einmal dazu, die Schwaden zu streuen, denn gleich begann es zu regnen, und es hörte nicht wieder auf. Alle, die im Juli Urlaub machten, mögen das bezeugen. Gemeinsam bauten wir deshalb Böcke und Reiter, aber das Gras war so naß, daß wir es nicht aufhängen konnten. Wir wendeten es weiter, obwohl es schon schimmelte. Unter den nassen Schwaden fanden die Schwarzkittel Schnecken und Tauwürmer, vielleicht auch Fische.

Schließlich bekamen wir die ausgeblichenen, immer noch feuchten Halme auf die Böcke. Wir warteten noch drei Wochen. Dann wurde das Wetter besser. Außen war das Heu nun trocken, aber grau und spröde sowie ohne jeden Duft. Die unterste Schicht blieb so grau und modrig wie vor drei Wochen. Das Zeug ist nicht zum Polstern zu gebrauchen und als Wildfutter schon gar nicht. Solches Heu hat nur einen Vorteil: Es wird nicht gestohlen. Und das ist schon wieder ein Nachteil, denn wir müssen die Heureiter selbst abräumen. Vergeblich war die ganze Mühe; umsonst sechzig Stunden Arbeit und mehr. Dann heuten Walter und Jörg. Mit dem Wetter hatten sie Glück, aber nicht mit Siegfried. Siegfried, der immer alles am besten weiß und alles rechtens macht, hängte den alten Heuwender hinter seine

Zugmaschine und fegte über die Wiese, daß das Gras nur so flog. In Fetzen flog auch der Wender. Denn der war einmal für Pferde bestimmt gewesen. Die aber rennen nicht auf den Wiesen herum, wenn ihnen Ackergerät am Ortscheid hängt. Ein paar Ballen bekamen wir dennoch trocken in den Wald.

Zum Dritten mähten wir die Wiese unterhalb unserer Jagdhütte mit der Sense. Bei dem schönen Wetter: Einmal Wenden, dann einfahren, so dachten wir. Es kam anders, obwohl Herbert einen Teil seines Urlaubes opferte und mit dem Rechen in der Hand den Sonnenstrahlen beim Trocknen zuschaute, immer bereit, die Grashälmchen sofort mit der feuchten Seite nach oben zu drehen.

Endlich war das Heu fertig zum Einfahren. Wir verteilten uns auf unserer Wiese. Die Wolken taten das Gleiche über uns. Dann nieselte es. Zum Glück nur viereinhalb Minuten lang, schließlich machte ein böiger Wind unser Heu wieder trocken. Wir rechten es auf Maden und Hocken und schleppten die Ballen in Seilschlingen zum Wildwagen. Damit fuhren wir zu den Fütterungen. Dort nahm die Schlepperei ihren Fortgang. Das alte Futter zogen wir heraus. Dafür kam duftiges, frisches Heu in die Hütten und Raufen bis unter die Dächer.

Endlich haben wir unser „Heu geworben". Viel Schweiß und Zeit haben wir geopfert, um genügend Rauhfutter für unser Wild zu ernten.

An das alles werde ich denken, wenn im Jahresbericht unserer Pirschgruppe das Wort „Heuwerbung" auftaucht.

SIEBZEHNTES KAPITEL

Sauen im Weizen

In den letzten Tagen kühlte der Sommer ein wenig ab, aber es blieb trocken, viel zu trocken. Der Wald roch brenzlig, das dürre Gras knisterte. Als ich durch den großen Weizenschlag ging, raschelten die Getreidehalme wie Butterbrotpapier.

In unregelmäßigen Abständen führten die Trampelfährten der Sauen durch die gelben Halme, und an einigen Stellen lagen ausgekaute Weizenspelzen. Bald fand ich zimmergroße Flächen, die von den Sauen beim nächtlichen Fraß niedergewalzt worden waren. Auch Überdüngung und Unwetter schaffen Lagerstellen. Aber die sehen anders aus. Da liegen die Halme in einer Richtung und sind allesamt in der gleichen Höhe geknickt. Vor einer wohnungsgroßen Fraßstelle stand ein Stahlrohrgestell, anzusehen wie ein kleiner Gittermast; nur daß an seiner Spitze nicht Isolatoren und Kabel hängen, sondern ein hölzerner Drehsitz angebracht ist. Dieser Ansitz, den wir heuer zum ersten Mal verwenden, ist recht praktisch. Er kann von drei Personen getragen werden und ist schnell überall dort einsetzbar, wo Wildschaden verursacht wird. Er bringt den Jäger aus dem Wind und ermöglicht Einblicke in das gürtelhohe Getreide. Der Sitz ist sogar drehbar gelagert, so daß auch für Rundumsicht Sorge getragen ist.

Als ich die stählerne Leiter erklommen und den zierlichen Sitz mit meinen gut neunzig Kilogramm ausgefüllt hatte, da kam ich mir vor wie ein Schiedsrichter beim Tennis, der noch auf die Spieler wartet. Ich rückte mich zurecht und legte das Gewehr quer auf die Armlehnen. Über mir formierte sich ein Mückenschwarm; kerzengerade wie die Rauchsäule eines Schornsteines bei Windstille. War mir auch noch der Anblick von Wild versagt, so hatten doch die kleinen Plagegeister eine interessante und offenbar auch schmackhafte Abwechslung gefunden, der sie von nun an ihre tausendmal verzichtbare Aufmerksamkeit widmeten.

K-P. Reif

Ich lehnte mich zurück. Vorsichtig erprobte ich die Drehfunktion des Sitzes und lud meine Waffe. Das hatte ich in den letzten Tagen schon oft getan, vor allem, an den Haferschlägen vor der Friedenshöhe. Aber immer blieb mein Patronenvorrat unangetastet, jedesmal verschwand das Büchsenlicht, bevor die Sauen kamen. So kam es, daß die Patrone vom Dienst, das ist immer die linke im Futteral, das Patronenlager schon sieben- oder achtmal gesehen und das Geschoß ebensooft den Lauf wieder durch die Hintertür verlassen hatte.
Heute saß ich mit dem Rücken zur Straße, schon wegen der Peinlichkeit meines „Kampfrichtersitzes“, und schaute auf den Waldrand in Richtung Entenmastanlage. Rechts im Tal leuchteten die weißen Pfosten der Fußballtore, und zu meiner Linken gingen in Pennewitz die ersten Lichter an. In kleinen Gruppen flogen die Stockenten zum Zweizapfenteich, um dort ihre Schlafplätze einzunehmen. Ihre Silhouetten huschten über den noch hellen Abendhimmel. Dann schob sich eine Ricke zwischen die Weizenhalme, sicherte kurz und erst als sie in hohen Sprüngen zur Feldmitte setzte, bemerkte ich, daß ihr noch zwei Kitze folgten. So wurde es mir nicht langweilig.
Der Abend verrann, und die Rotte Sauen bemerkte ich erst, als eine Bache auf die niedergetretene Fläche vor meinen Sitz trat. Plötzlich wogten nun rundherum die Halme. Hier erschien ein Haupt, da ein Pürzel und zwischendurch die Federn der Borstentiere. Es schien, als hätten sie soeben mit einem Schlag alle Vorsicht beiseite gelegt und beabsichtigten, sich nun mit ausgelassener Freude auf ihr abendliches Körnermahl zu stürzen. Eben diese Freude wollte ich ihnen verderben. Doch das war nicht so einfach, wie es nach der angedeuteten Rottengröße den Anschein macht. Ich mußte vermeiden, eine führende Bache zu strecken. Das ist in einem Getreidefeld kein leichtes Ding. Die stärkste Bache verschwand wieder zwischen den Halmen, bevor ich Frischlinge ausmachen konnte. Trotzdem erschien es mir sicher, daß gerade sie führte, schon wegen des hoch getragenen Pürzels. Auch die anderen Sauen nahmen die Lagerstellen vorerst nicht an. Ich hörte nur das Rascheln der Halme. Es fehlten auch alle Lautäußerungen, die üblicherweise die Anwesenheit der Frischlinge bezeugen. Es hieß also, Nerven behalten und abwarten.
Meine Aufmerksamkeit legte ich noch immer auf das Feld vor mir, obwohl die ersten Sauen bereits rechts an meinem Sitz vorbeige-

rauscht waren. Da fuhr gegenüber ein helles Haupt aus den Ähren, für Augenblicke sah ich die Federn sowie den breiten Ziemer. Dann stand das Wild still in meiner Richtung. Weil die Sau nicht mit der Rotte gekommen war und eingedenk der Erfahrung, daß die hellen Stücke meist nicht führen, backte ich an und schoß auf sechzig Schritte zwischen die Teller.

Im Knall rutschte das Wild in die Halme und auch ein großer Teil meiner Erregung fiel von mir. Denn es ist ein prickelndes Gefühl zwischen so viel Wild zu sitzen und befürchten zu müssen, nicht zu Schusse zu kommen. Das Echo verhallte, aber um mich herum war der Teufel los. In alle Richtungen galloppierten die aufgeschreckten Borstentiere, stellten Pürzel und Teller auf, verhofften und suchten sich ein Bild von der entstandenen Lage zu verschaffen. Neben der ausgesprochen starken Bache, der tatsächlich Frischlinge folgten, sah ich noch zwölf bis fünfzehn weitere Sauen.

Flugs drehte ich nun meinen Sitz, öffnete die Waffe und suchte im Nachladen eine weitere Schußchance. Die ergab sich, als achtzig Meter oberhalb meiner Leiter wieder ein Schwarzkittel der kleineren Sorte verhoffte und sein Haupt über die dort offenbar recht kurzen Halme in den Wind hielt. Schnell fand ich das Wild mit dem Zielfernrohr und nach dem Schuß konnte ich auch dort keine Fluchtbewegung mehr feststellen. Wieder lud ich nach, aber jetzt summten nur noch die Mücken um mich herum. Ich war mir meiner Beute ziemlich sicher und saß noch, bis die Pulse wieder ihre normale Schlagzahl erreicht hatten. Dabei prägte ich mir markante Punkte in Schußrichtung ein, um nicht zu lange nach dem Wild suchen zu müssen.

Mein Blick folgte den nun immer häufiger einfallenden Enten. Die untergehende Sonne hatte den Himmel im Westen rot gemalt. Als ich mit dem Fernglas noch einmal über den Weizen schaute, sah ich das Lauscherspiel der Ricke, daneben sprangen die beiden Kitze durch die Halme.

Im Schweiße meines Angesichtes legte ich am Feldrand Strecke. Dabei kamen zu den Trampelfährten noch zwei breite Schleppspuren hinzu. Ein feister Überläuferkeiler, das war der graue, und eine geringe Überläuferbache erhielten den Bruch.

ACHTZEHNTES KAPITEL

Sechszack vom Talteich

Als Sechszack noch ein unerfahrener Spießbock war, entdeckte er Schilf und Erlenbüsche um den Talteich, die saftigen Kressefelder und den grünen Linsentümpel am Unterlauf der Lohme. Ganz freiwillig war er nicht dahingekommen. Ein alter Schadbock, der in der Blattzeit das weichholzbewachsene Revier unter der Hochspannung für sich in Anspruch nahm, hatte ihm mit spitzen Seitenhieben den Weg gewiesen. Und das alles wegen eines Schmalrehes, das zärtlich fiepte, weshalb ihm der Sechszack nicht widerstehen konnte.
Inzwischen gingen zwei Blattzeiten ins Land. Sechszack hat den Ricken und Schmalrehen, den Rehfrauen und Rehfräuleins an der Hochspannungstrasse manchen Besuch abgestattet, ohne seinem alten Widersacher nochmals zu begegnen. Aber seinen Einstand behielt er. Die feuchte Niederung wurde Sechszacks Wahlheimat.
Wie eine Insel liegt die schilf- und brennesselumsäumte Niederung zwischen Feldern und Wiesen. Nach Süden bildet die Gehrener Chaussee den Abschluß, im Norden schafft das erlenbewachsene Lohmebächlein die Grenze zum Esbachwald. Hier blieb der Bock und wurde ein stattlicher Sechser mit langen, tief gegabelten Stangen.
Doch kaum hatte er im April die letzten Bastfetzen aus seiner Krone gefegt, da zogen schwarzbunte Färsen ins Tal: Großmäuliges Viehzeug mit schlechten Tischsitten. Sie stampften mehr in den Boden als sie abfraßen, machten ewig Lärm und gaben übelriechende Losung von sich. Sechszack ärgerte sich mächtig über die Verwüstung seiner Lieblingswiese. Aber er war doch klug genug, sich den Ärger nicht anmerken zu lassen und vermied die Auseinandersetzung.
Wieder graute ein Morgen und die Schwarzbunten lagerten noch immer in seinem Revier. Der Wind trieb ihre warme Witterung die Lohme entlang. Schnell nahm Sechszack seinen Windfang aus der

Morgenluft. Das Gebrüll der Färsen störte ihn schon nicht mehr. Hier, unter der Straßenböschung, war es nie ganz still.
Weil ihm der Pansen so knurrte, zog Sechszack langsam an der Koppel entlang, äste Weißklee und Milchdisteln, die den Raffzungen der Färsen entgangen waren. Dabei vergaß er alles Ungemach der

letzten Tage, den Gram seiner Seele, bis ihm ein stechender Schmerz in den Rücken und durch alle vier Läufe zugleich fuhr. Sechszack zuckte zusammen, warf auf, und abermals fuhr ihm der brennende Hieb in den Hals hinein und durch die Läufe hinaus. Um ihn herum war nichts und niemand. Was weiß ein Rehbock von einem elektrischen Weidezaun und den tausend Volt, die in ihm zucken. Der dritte Hieb traf ihn, als er gerade auf allen Vieren in die Luft wollte. Den Nächsten wartete er nun nicht mehr ab. Sechszack warf sich zur Seite. In hohen Sprüngen entfloh er dem Ort mit der unheimlichen Keule.
Daß er dabei auf die Straße geriet, spürte er erst, als die Schalen seiner Vorderläufe auf den schwarzen Asphalt schlugen. Nun sah er auch das graue Ungetüm, das ihm geradewegs in die Seite wollte, und mit kräftigem Sprung hetzte er weiter. Aber da streifte der Kleinbus bereits seine linke Flanke. Blech und Rippen krallten ineinander. Die Keule des Bockes drückte eine flache Mulde in die Stoßstange. Lampensplitter drangen ihm in die Lunge, dann warf es ihn auf die andere Seite der Straße. Sechszack trug entsetztes Staunen in den Lichtern, als er seine letzte Kraft zusammennahm, durch den Straßengraben schob und ein paar Meter in die Brennesseln hineinkroch. Dort versagte ihm der zerschlagene Körper den Gehorsam, und als der Fahrer des grauen B 1000 kopfschüttelnd um sein leicht zerdelltes Fahrzeug lief und „blödes Vieh“ murmelte, brachen Sechszack schon die Lichter. Der Kopf mit dem stolzen Gehörn fiel auf die Seite und seine Läufe schlugen ein letztes Mal in die fleischigen Pestwurzstiele. Als die Sonne über die Wiese lachte, atmete Sechszack nicht mehr.
Bald besuchten ihn die großen Fliegen und der Fuchs. Nach zwei Wochen lagen von dem einst stolzen Bock nur noch die zerschlagenen Wirbelknochen und das lederharte Fell in den Unkrautstauden. Wie vorher war nur noch das stolze Gehörn.
So fand ich Sechszack, den Bock vom Talteich. Ich schnitt ihm den leeren Kopf vom Lederschlauch. Weil alles so übel roch, gab ich es den Ameisen zum Putzen. Dann bleichte ich die Knochen sorgsam in Wasserstoffperoxid und schraubte Sechszacks Zier auf ein schön geschnitztes Eichenholzbrettchen.
Nun hängt der Bock vom Talteich über meinem Schreibtisch und erinnert an Stolz und Elend der Welt, die er ohne Schuld verlassen mußte.

NEUNZEHNTES KAPITEL

Mecklenburger Strecke

Seit Jahren erregt mich der Wildreichtum in Mecklenburg. Mischwälder, Ödland, riesige Getreideschläge, ab und an unterbrochen von Schilflöchern – die Einheimischen sagen Barschkuhlen dazu –, Erlenbrüche und versumpfte Seeufer bieten dem Wild zu jeder Jahreszeit die nötige Deckung und Äsung. Imponierend ist nicht nur die Größe der Bestände; beeindruckend sind auch Wildbretgewichte und Trophäenstärken.

In acht Jahren habe ich hier das Wild beobachtet, und konnte meine Passion doch nur an der Fischweid austoben. Die Angler bitte ich um Verzeihung für das nur, das für meine vergleichsweise geringen Erfolge am Wasser steht.

In Sternberg sah ich meine ersten Wildgänse, tausende hinter Sylten auf einem Acker. Damwild trollte hinter Groß Görnow über die Waldwege. Sauen über Sauen hatte ich im Anblick, stets zu guter Zeit. Bachen und Frischlinge standen in den Lagerstellen der Roggenfelder oder brachen den moorschwarzen Boden der Sumpfwiesen vor dem Schilfgürtel der Seen. Rehe ästen in den Lupinenschlägen, im Juli trieben eifrig die Böcke.

Hier Jagen zu dürfen – ein Traum!

In diesem Jahr sollte sich dieser Traum erfüllen. Mein Gewehr und viel Erwartung gehörten zum Urlaubsgepäck...

Zwischen Mankmoos und Pennewitt macht das Land einen Buckel. Die Straße führt zu diesem Buckel und wie eine Furche durch ihn hindurch, denn hier ist eine kleine Hohle. Links steht lichtes Pappelgehölz, und rechts streicht der Blick über weite Wiesen und Felder mit Wald im Hintergrund. Wenn man diesen Blick genießen will, muß man die Wand der kleinen Hohle ersteigen. Mit diesem Ritual begannen alle unsere Jagdzüge. Manfred, Erhard und ich kraxelten auf die Straßenböschung. Unser erster Blick galt den

Wolken am Himmel und den Wetteraussichten. Da gab es kaum Grund zum Hadern. Der Sommer 1986 war schön wie lange keiner. Dann prüften wir den Wind. Der wies uns Ort und Weg für Ansitz oder Pirsch. Zum Dritten schauten wir nach der Erntetechnik. Wo stehen die Mähdrescherkomplexe? Wo wurde das Wild durch die gefräßigen Körnersammler beunruhigt, wohin könnte es gewechselt sein?

Hier bestimmten wir jedesmal die Strategie des Jagdtages. Nach unserem ersten Ausflug verstand ich, warum Manfred und Erhard die unscheinbare Kuppe hinter Mankmoos den „Feldherrenhügel" nennen.

Am 5. August standen wir auf dem Feldherrenhügel. Staubfahnen hingen vor dem Stangenholz und bewegten sich entlang der Stoppelkante. Vor uns rollten die Mähdrescher durch den Roggen. Dumpf dröhnte das Gebrumm der Erntemaschinen herüber, die mit blinkender Rundumleuchte die Körnerlast in ihren weiß-blauen Leibern signalisierten. Das sah vorerst nicht nach Aufhören aus. In der Ernte zählt jede Stunde. Deshalb versprach der Ansitz an der Feldkante zum Stangenholz wenig Aussicht auf Erfolg.

Weiter im Grunde verwildert ein hektargroßer Erlenbruch hinter einem Meliorationsgraben. Auf der Wiese davor ästen zwei Rehe: Bock und Ricke. Mehr war auf die achthundert Meter durchs Glas nicht zu erkennen. Zu dieser Zeit wußte ich noch nicht, daß gerade dieser Bock mich noch beschäftigen würde und der kleine Erlenbruch sein Schicksal werden sollte.

„Wir versuchen es am Kleeschlag!" entschied Manfred, und erwartungsvoll stieg ich von Feldherrenhügel. Weiter führte der Weg nach Pennewitt, dann eine Rechtskurve und vor einem Windschutzstreifen stellten wir das Fahrzeug ab. Wir, das waren an diesem Abend Manfred, sein Sohn Christian, in jagdlichen Dingen passioniert wie ein Terrier, und ich. Auf den Feldern stand bereits Wild. Schon auf dem Weg kamen uns einige Rehe in Anblick und im dichten Gestrüpp des Schutzstreifens fanden sich reichlich Pirschzeichen. Es ist für mich, der ich an kleine Blößen im Hochwald und unübersichtliche Feldkanten gewöhnt bin, immer wieder faszinierend, derartig viel Getier auf einmal zu sehen. Dabei handelt es sich durchaus nicht immer um jagdlich verwertbare Chancen, aber man kann nach Herzenslust mit den Augen jagen und wird staunend feststellen, wie großräumig das Wild reteriert und wie schnell sich die

Situation ändert. Die abspringenden Rehe gingen zwar auf Fluchtdistanz, aber das bedeutete nicht immer, daß sie auch außer Sicht gerieten. Jedenfalls hatte ich meine Freude am reichlichen Anblick. Manfred war sichtlich stolz auf sein Revier. Seine Freude daran, einem Menschen, der gleiches spürt und fühlt, in die Geheimnisse seines Pirschgebietes einzuführen, konnte ich ihm nachempfinden. An der strauchbewachsenen Feldkante, zwischen Sauerwicken und einem abgeernteten Rapsschlag, erklommen wir eine offene Kanzel und schauten auf die untergehende Sonne. Ich hatte bereits viel gesehen und empfunden, so daß mir das Erlebte für meinen ersten Pirschgang im Mecklenburgischen mehr als ausreichend erschien, aber es sollte noch besser kommen.
Ein lautes „kruu kruu" erklang hinter dem Windschutzstreifen. Nachdem ich auf die Sitzbank gestiegen war, konnte ich drei Kraniche beobachten. Zwei Elterntiere mit ihren längst flugfähigem Jungen suchten auf der Wiese nach Käfern, Raupen und Fröschen. Ohne Glas sahen die großen Vögel, denen ich hier zum ersten Mal begegnete, wie Strauße aus. Plötzlich unterbrachen die Kraniche ihre Nahrungssuche und flogen davon, die Hälse weit nach vorn gestreckt. Hinter uns fuhr ein Trabi bis in die Sauerwicken, und seine nicht ganz redlichen Insassen begannen damit, große Futtersäcke für ihr individuelles Vieh zu stopfen. Das erregte zwar unser Mißfallen, war aber ohne störende Geräusche unsererseits nicht abzustellen. So ließen wir den Dingen ihren Lauf. Auf geringe Distanz wechselte ein Schmalreh, das der anfahrende PKW unter unseren Hochsitz getrieben hatte. Manfred bedeutete mir zu schießen, aber mir genügte der Anblick; es war ja mein erster Jagdtag.
Weit vor uns spielten zwei Jungfüchse um eine Barschkuhle. Nach einer Weile landete wieder ein Kranichpärchen auf den Stoppeln, und über den Rapsschlag wechselten zwei Rehe. Bock und Ricke zogen auf die Buschkante zu. Manfred machte mich aufmerksam. Dabei wurde er immer unruhiger. Daß der Bock kapital war, ließ sich auch auf hundertfünfzig Gänge nicht übersehen. „Das ist deiner!", flüsterte er, ohne das Fernglas von den Augen zu nehmen. Nun ließ ich auch ab von meiner Bescheidenheit, denn Böcke dieser Kategorie muß man schießen, wenn man Gelegenheit dazu hat. Man hat nicht oft Gelegenheit!
Leise steckte ich das Fernglas unter die Bluse und nahm mein Gewehr auf. Manfred war sicher, daß uns Bock und Ricke anlaufen

würden, obwohl sie sich jetzt quer stellten und die Rehgeiß bereits durch einen Haselbusch in die Sauerwicken zog. Ich war da skeptischer, dachte an die laut hantierenden Futtersucher und legte vorsichtshalber die linke Hand zwischen die Kanzelbrüstung und den Vorderschaft der Waffe, den Bock schon durch das Zielfernrohr betrachtend. Als ich den eingestochenen Abzug drücken wollte, zog er weiter und stand jetzt im Schatten einer Weißdornhecke. Aus der Traum –.

Ich spürte ein zunehmendes Prickeln in den Haarwurzeln, einer der Momente, in denen die Zeit stillsteht und man dennoch altert. Endlich ging der Bock weiter, verhoffte erneut, eine Körperlänge vor dem Busch, der ihn endgültig verbergen würde, und ich ließ fliegen. Knall und Rückschlag der Waffe empfand ich nicht. Ich hatte nur Sinne für mein Wild. Durchs Zielglas sah ich, daß der Bock im Feuer blieb. Dann atmete ich tief aus. Daß Manfred noch das Schmalreh streckte, als es auf meinen Schuß hin bei uns vorbeiwechselte, fand kaum noch meine Aufmerksamkeit. Ich hatte nur Augen für den Platz, an dem mein Bock in die Halme gesunken war. Schweigend stiegen wir von der Kanzel. Mein Kamerad ließ mich die hundert Meter allein gehen.

Ich habe nie viel Wert auf Gehörngewichte und Bewertungspunkte gelegt. Es sind dies Dinge, die mehr von der sozialen Stellung des Jägers als von seinem Können abhängen. Die Ernteböcke meines Heimatreviers finden im Mittelgebirge auch nicht die Bedingungen vor, um so kapital zu werden. Für mich steht das Erleben im Vordergrund. Trotzdem schritt ich mit weichen Knien durch das hohe Gras, wohl wissend, daß am Anschuß ein Bock lag, der weit stärker war als alle, die ich bisher streckte.

Ich nahm ihn in Besitz, umfaßte die hohen Stangen mit ihren spitzen Enden und richtig glauben konnte ich es erst, als Manfred mir den grünen Eichenbruch überreichte...

Wir haben zusammen Füchse geschossen auf einer riesigen Koppel und auf Entfernungen, die zu nennen die Weidgerechtigkeit verbietet. Aber im Liegen – Manfred behauptet, ich sei der erste Jäger, den er so schießen sah – mit meiner hervorragenden Waffe gelang es uns einmal. Und der Erfolg empfiehlt die Methode.

Wir saßen zusammen hinter Bibow in einem uralten, verknöcherten Birnenbaum, mitten im Hafer. Hier kam uns ein neugieriger Dachs. Hier sah ich zum ersten Mal den Flug des Seeadlers, der würdevoll

über die Moränenlandschaft schwebte. Wir warteten auf Schwarzwild. Aber die Nacht war vor den Sauen.
Dann saß ich vorm Stangenholz und hatte guten Anblick. Zwei feiste Junghirsche, einer davon ein Kronenspießer, trollten über das Roggenstroh bis zu der ausgetrockneten Wasserstelle vor meinem Sitz. Sie ritten auf, wie rindernde Färsen auf der Koppel. Schließlich äugten sie erstaunt in meine Lampe, als ich prüfen wollte, wie weit ihre Dreistigkeit noch gehen würde. Dann zogen sie ins Stangenholz. Wieviel Wild mag dieser brombeerbewachsene Waldstreifen bergen und verbergen? Sauen, starkes Rotwild, ein paar überzählige Füchse, derer ich nicht habhaft werden konnte, und einen guten Bock sah ich hier.
Dann pirschte ich in den kargen Hügeln hinter Mankmoos. Meine Kameraden nennen sie die Karpaten. Nach diesen Maßstäben jage ich zu Hause im Himalaja. In den Westkarpaten, um im Bilde zu bleiben, beobachtete ich einen reifen Hirsch und streckte einen schwachen Spießbock, der sich durch den Roggen mogelte und den mein in diesen Tagen verwöhntes Auge beinahe als Schmalreh gelten ließ.
Aber das Aufregendste geschah im Erlenbruch, den ich schon erwähnte. Wir bestätigten dort einen alten, zurückgesetzten Bock und ich versuchte dreimal vergeblich, auf ihn zu weidwerken. Immer stand der Alte auf der Wiese, wenige Gänge vor einem Meliorationsgraben. Mit dem PKW wurden wir bis auf zweihundert Meter von ihm toleriert. Auch daß ich ausstieg und Manfred langsam weiterfuhr, „konnte er noch ab". Ein gutes Stück robbte ich die Wiese hinunter. Ich weiß nicht, wann er absprang. Aber als ich meinen Oberkörper aufrichtete, war er schon weg.
Den zweiten Anlauf nahmen wir an einem Sonntagmorgen nach langer Fehlpirsch durch taunasses Gras. Ich stellte mich vor den Wassergraben und Manfred ging langsam durch den Bruch, der ihm im vergangenen Jahr einen Goldmedaillenhirsch gebracht hatte. Der Bock ließ sich tatsächlich hoch machen, setzte über den Graben und fegte mit seiner Ricke über die Koppel ins Pennewitter Land, ohne noch einmal zu verhoffen. Auf das flüchtige Wild zu schießen getraute ich mich nicht.
Den gleichen Versuch machten wir abends, als der Wind über den Graben hinein in die Erlen wehte. Manfred ging wieder gegen den Wind. Dem Bock trauten wir das gleiche zu. Ich wartete mit

entsichertem Gewehr. Als ich seiner endlich gewahr wurde, da war er hinter Manfred hinaus auf die Getreidestoppel und sprang dahin mit dem Wind, wie es nur unerfahrene Böcke tun. Weil er kein Unerfahrener war, weiß ich seitdem, daß es dumme, schlaue und überaus schlaue Böcke gibt und daß oft kein Unterschied ist zwischen einem Dummen und einem überaus Schlauen.
Aber zu guter Letzt war doch ich der Klügere. Wieder standen wir auf dem Feldherrenhügel. Wieder stand der Bock vor seinem Graben. Alles war wie immer, nur das Stroh war geborgen, der Acker geschält worden. So sah das Erlenbruch mit der grünen Wiese davor aus wie ein gerahmtes Jagdbild. Wir hielten Kriegsrat und ich beschloß, jede Deckung nutzend, den Bock von der Seite anzupirschen. Meine Begleiter blieben auf dem Hügel, wie es sich für richtige Feldherren eben geziemt.
Ich machte mich auf die Beine. Bald verbargen die Grabenbüsche und mannshohe Brennesseln meinen grün verhüllten Körper vor den sichernden Blicken des mißtrauischen Alten. Das frisch bearbeitete Feld verschluckte jedes Fußgeräusch. So wußten wir für eine Weile beide nichts voneinander, was für mich den Nachteil hatte, daß ich den Kilometer hin – und später wieder zurück – möglicherweise umsonst machte. Manfred erzählte mir danach, ich sei genauso gepirscht, wie er es auch getan hätte und von seiner Kuppe aus für zweckmäßig hielt. Einmal nur schaute ich über die Brennesseln und versicherte mich der Anwesenheit des Bockes – mit positivem Ergebnis. Uns trennten noch zweihundert Meter. Ohne noch einmal aufzublicken, schlich ich geduckt bis an eine zugewachsene Ansitzleiter. Von hier aus mußte der Bock zu sehen sein. Leise entsicherte ich, nahm das Gewehr in Voranschlag und hob langsam den Kopf über die Nesseln. Er war noch da, hatte aber schon den Graben genommen. An der Bruchkante stand der vorsichtige Bock. Auf sechzig Gänge sicherte er zu mir herüber. Schnell hatte ich ihn im Zielglas. Wahrscheinlich reagierten wir beide gleichzeitig: Ich mit Abdrücken, er mit Abspringen. Allerdings war die Kugel schneller als der Bock. Ich fand Schweiß am Anschuß.
Nach einer Weile kamen meine Kameraden heran. Und wieder ging Manfred in die Erlen. Ich befürchtete, daß der Bock krank flüchtete. Aber es kam nicht soweit. Manfreds Fangschuß auf den Weidwunden beendete die Jagd. Vor dem Meliorationsgraben, wo er sich uns so oft präsentiert hatte, nahm ich ihn in Besitz. Der Bock besaß ein gänzlich

graues Gesicht. Er war tatsächlich alt und hoch jagdbar. Beide Stangen zeigten noch die Sechserform, waren aber stark zurückgesetzt und für hiesige Verhältnisse schwach.
Aber er ist mir der wertvollste, mein Grauer vom Erlenbruch.
Es ist eine weite Strecke von Langewiesen in Thüringen bis nach Sternberg und Warin in Mecklenburg. Aber die Strecke lohnt!
Wenn ich an Mecklenburg denke, dann denke ich an Wald und Wasser, an Wiesen und goldene Felder, an Wild und Jagd und an den Zauber rauhreifbehangener Schilfhalme. Ich höre den Ruf der Kraniche und das wehmütige Rauschen alter Eichen, das ich nur hier so empfinde. Ich träume von einer schilfgedeckten Hütte und spüre das Glück.

ZWANZIGSTES KAPITEL

Keiler zu zweit

Gerhard wollte bis zur Abgabe der Jagdgewehre den Ursprungsschein fertigmachen. Nun liegen zwei auf seinem Tisch. Beide ausgeschrieben für ein und denselben Keiler, dazu die Wildmarke. „Einen müßt ihr zerreißen", sagte er und fällte damit die wohl diplomatischste Entscheidung seiner Jagdleitertätigkeit.

Gestern war es kühl und regnerisch. Unaufhörlich zogen tiefhängende Wolken über die Ausläufer des Thüringer Waldes. Bei nächtlichem Mondschein bestand deshalb wenig Aussicht. Trotzdem fuhr ich mit Arno ins Esbach. Dort traten die Sauen jede Nacht neue Gänge in den Hafer und kauten auf zimmergroßen Flächen die Körner aus den Rispen. Es war kurz nach zwanzig Uhr, als wir unser Fahrzeug abstellten, um den Weg zur großen Kanzel an der Ilm einzuschlagen. Ich wollte gerade eine passende Bemerkung zu Arnos Gummistiefeln machen, die er nach Art der Wismut-Kumpel mit umgekrempelten Schäften um seine ebenso langen wie dünnen Waden spielen ließ, als ein Kitz auf den Weg trat. Es war ziemlich vertraut, obwohl es uns eräugt haben mußte. Denn es sprang erst in den Hafer zurück, als wir uns bewegten. Bald darauf kreuzte es mit Mutter und Bruder erneut unseren Pfad. Dann begann es zu nieseln. Wir waren froh, als wir die schützende Kanzel erreicht hatten.

Arno plazierte seine schlanke Gestalt genau so auf dem mitgebrachten Rucksack, daß sein Gesicht in die Richtung zeigte, aus der wir kamen. Auch ich hatte mir angewöhnt, den Rucksack so zu packen, daß er die Funktion einer ebenso weichen wie isolierenden Unterlage abgibt. Ältere Weidgenossen wußten über die Nachteile einer versäumten Vorsorge so überzeugend zu berichten, daß ich diese Vorkehrung auch im Sommer beibehalte. Also setzte ich mich derart, daß ich das obere Tal im Auge hatte. Hinter dem Hafer in Richtung untergehende Sonne begrenzten Erlen und Weiden am

Ilmufer meinen Blick. Deutlich war das Rauschen des kleinen Flusses zu hören, der dem oberflächlichen Betrachter ein Idyll zeigt, seinen Bewohnern jedoch nicht mehr den nötigen Sauerstoff geben kann. Vor der Ilm lag ein langgezogener Haferschlag, der bis zu dem ausgefahrenen Weg an unserer Kanzel reichte. Diesseits des Weges begann eine Wiese, die unlängst gemäht worden war. Diese Wiese war etwa hundertzwanzig Meter breit und verwuchs dann mit der Waldkante. Sie stand uns talauf, talab als Schußfeld zur Verfügung, vorausgesetzt, es würde überhaupt Wild austreten. Nach und nach machte sich der Niesel zu einem richtigen Regen, der auf unser Kanzeldach trommelte. Uneins mit dem Wetter, suchte ein Grünfink in diesem geräumigen Vogelkasten Unterschlupf. Unsere Gesellschaft wollte er dann aber doch nicht teilen.
Ich verständigte mich noch einmal mit Arno. Falls sich ein Abschußbock zeigte, sollte ihn der beschießen, auf dessen Seite er austrat. Schwarzwild wollten wir nach Möglichkeit gemeinsam aufs Korn nehmen. „Kompanieschuß“ heißt das in der Weidmannssprache.
Auf meiner Seite zog die Ricke mit den beiden Kitzen wieder auf die Wiese, und auch im unteren Tal traten zwei Rehe aus. Endlich wurde der Regen schwächer, und langsam zogen die Schleier der Nacht über unsere Wiese. Dann wechselten auch die Rehe in ihre Einstände zurück. Angestrengt hielten wir die Nachtgläser auf die Feldraine und den Waldrand, aber jetzt schienen wir die einzigen Lebewesen im Esbach zu sein. Ich grübelte und hatte meinen Kameraden fast vergessen, da flüsterte Arno: „Die Sauen kommen“! Es waren vier, nein fünf Schwarzkittel, die vom Walde her über die Wiese in Richtung Haferschlag wechselten. Um in Schußposition zu kommen, mußte ich meinen Platz wechseln, was nicht ganz geräuschlos gelang. Langsam steckte ich das Laufpaar der Büchsflinte durch die Luke und spannte den Stecher. Jetzt verhofften die Sauen und weil wir befürchten mußten, daß sie uns vernommen hatten, gab Arno das Zeichen zum Schießen. Ich nahm ein breit stehendes Stück hinter den Zielstachel. Dann hörte ich das Klicken des Stechers am Gewehr meines Kameraden und sein Kommando: „Zwei, drei, Feuer!“
Ein einziger Knall peitschte durch das Tal der Ilm. Nebeneinander zogen die todbringenden Geschosse ihre Bahn. Während die zeitliche Abstimmung gut geklappt hatte, schien es mit dem Trefferergebnis nicht weit her zu sein. Die kleine Rotte spritzte auseinander. Bevor wir zum Nachladen kamen, war die Wiese leergefegt.

Wir schauten uns in die verdutzten Gesichter. Es war gut, daß die im Dunkeln lagen. Nach einer Weile stieg ich von der Kanzel und der Lichtkegel aus Arnos Taschenlampe wies mir den Weg zum mutmaßlichen Anschuß. Nach langem Suchen, die im nassen Gras sichtbaren Fährten bildeten den einzigen Anhaltspunkt, fand ich tatsächlich einen Eingriff und winzige Schweißspritzer. Da jede weitere Suche ohne Hund zwecklos war, verbrachen wir den Anschuß in Ermangelung weidgerechter Hölzer mit einer Hakendistel und fuhren erst einmal nach Hause. Ein solcher Abgang, in Unwissenheit über den Zustand des krankgeschossenen Wildes ist immer fatal. Wir hingen schweigend unseren Gedanken nach. Für den kommenden Tag wurde noch die Nachsuche vereinbart und der Hundeführer benachrichtigt.
Über Nacht hatte sich das Wetter etwas gebessert. Der neue Morgen war noch kühl und bewölkt, blieb aber trocken. Es schlug gerade zur siebten Stunde, als wir zusammen mit Gerhard an unsere Hakendistel traten. Von hier bis zur Kanzel waren es etwa neunzig Meter, für den Kugelschuß eine gute Entfernung. In einer Stunde sollte der Hund eintreffen. Uns blieb also genügend Zeit den Anschuß noch einmal genau zu untersuchen. Arno ging mit Gerhard die mutmaßliche Fluchtrichtung ab. Ich war so ungeduldig, daß ich, gewissermaßen in Frei-Verloren-Suche, das Schilf- und Binsengewirr in Richtung Mühlgraben, Waldkante durchstreifte. Wo sollte eine kranke Sau sonst Zuflucht suchen? Doch weder im Graben noch am Damm war ein Wildkörper zu entdecken.
Ich wollte gerade umkehren, als vor mir ein borstiger Buckel aus den Binsen fuhr und ehe ich zur Seite kam, riß er mir die Knie auseinander und stieß mich rücklings in den Morast. Dabei konnte ich gerade noch rufen: „Hoo, hoo, hier ist die Sau!" Der offenbar kranke Schwarzkittel ließ mich glücklicherweise rechts liegen und strebte von mir fort. Froh darüber, dem eben noch befürchteten Nahkampf entgangen zu sein, doch ebenso in Sorge um das entfliehende Wild, schoß ich gleich mit beiden Läufen hinterdrein, allerdings ohne Erfolg. Da der Überläuferkeiler, denn als solcher entpuppte sich der Schwarzkittel, keine weitere Notiz von mir nahm, sondern schwerfällig unter eine gestürzte Erle schob, riß ich das Fernrohr vom Gewehr und stopfte ein Flintenlaufgeschoß in den linken Lauf. Nun war ich wieder einigermaßen ruhig und setzte den Fangschuß hinter den Teller.

So fand diese, für mich wenig ruhmvolle Nachsuche doch noch ein zufriedenstellendes Ende. Bald hatten wir wieder soviel Humor, daß meine Kameraden mir die erschwerte Schweißprüfung zuerkennen wollten. Die hätte ich auch brauchen können bei meiner anschließenden Suche nach dem Zielglas. Gemeinsam zogen wir den Keiler unter der Erle hervor. Der austretende Schweiß markierte deutlich den Fangschuß. Doch wo befand sich die Schußverletzung aus der vergangenen Nacht? Beim Umwenden des Wildkörpers wurde die Überraschung offenbar. Trotz der Schlammkruste war deutlich zu sehen, daß den jungen Keiler zwei Kugeln getroffen hatten. Der linke Hinterlauf war unter der Keule zerschmettert und das Gelenk des Vorderlaufes hatte ebenfalls eine Kugel durchschlagen.
Wem gehörte nun das Stück? Üblicherweise immer dem, der den ersten wirksamen Schuß, auf den hin das Wild zur Strecke kommt, abgegeben hat. Weitere Fehl- und Fangschüsse haben darauf keinen Einfluß.
Durch das Ausschreiben von zwei Ursprungsscheinen für Arno und mich hatte Gerhard die Entscheidung in unseren Händen belassen. Sie wurde erst gefällt, als Arno meinte: „Du hast den meisten Ärger mit ihm gehabt“ und seinen Schein zerriß. So erhielt ich die Waffen als Trophäe. Sie sind Erinnerung an einen kleinen Keiler und eine große Kameradschaft.

EINUNDZWANZIGSTES KAPITEL

Feisthirsch

Begierig verzehrten die Bergfichten das rauhe Echo des Kugelschusses, dann standen die Bäume als ob sie die Luft anhalten wollten. Keine Bewegung machte das am Halm verdorrte Gras auf der Bergwiese, nur der kleine Bach nahm sein Gemurmel mit ins Tal. Der Amsel fehlten die Worte ebenso wie dem aufmerksamen Rotkehlchen. Narrte mich ein Spuk, oder hatte ich soeben auf einen Feisthirsch geschossen, den stärksten, den ich in freier Wildbahn je sah? Hatten mir meine geschundenen Nerven nach zwei dutzendmal vergeblichen Ansitz und erfolgloser Pirsch ein Trugbild auf die Wiese gestellt?

Ratlos schaute ich zu meiner Gefährtin. Die hielt ihr Fernglas vor die Brust und ihre Augen sagten es: Das war der Hirsch von der Friedenshöhe. Das war er leibhaftig, der Alte, der so oft mit Getöse um uns wechselte, bei früher Zeit und trotzdem im Verborgenen, der sich eine Suhle einrichtete in guter Deckung hinter einem Weidenbusch und der doch so unklug war, die blank gefegten Äste als Weiser stehen zu lassen.

Meist tat sich der Hirsch am Holunder gütlich. Der steht reichlich im Hochwald, wo ihm der Wind- und Schneebruch der letzten Jahre genügend Platz geschaffen hat. Ein rechtes Paradies für träge Feisthirsche. Trotzdem prägten die Trittsiegel des Hirsches ab und an den Waldweg. Dort machten sie uns und wohl auch andere staunen, zugleich auch neugierig. Wir wähnten den Hirsch schon vergrämt, als der Forstbetrieb mit dem Wegebau begann – gerade in der Feiste. Nach jahrelangem Versäumnis erschien uns diese Arbeit in gleichem Maße nötig wie zeitlich unzweckmäßig. Wie ein Denkmal unaufhaltsamer Technik drohte die eisenstarke Rüttelwalze auf dem Waldweg. Doch der Hirsch behielt seinen Einstand. Direkt hinter dem gelben Ungetüm hatte er den Weg gequert, seine Schalen in den

K.-P. Reif

neuen Schotter gedrückt. Er war so heimlich und doch so dreist, wie nur ein Feisthirsch es sein kann. Er hatte uns Enttäuschungen beschert, immer wieder aber auch Hoffnung. Die Hoffnung auf einen wirklich jagdbaren Hirsch im Pirschgebiet Friedenshöhe. Immer wieder lockte uns seine geheimnisvolle Anwesenheit zu der Kanzel in der Doppelfichte am Wildacker. Doch noch blieb sie offen, die Frage, ob Hubertus heute ein Lustspiel oder eine Tragödie geben wollte.

Ich klappte ganz langsam den Bockdrilling auf und nahm die kleine Hornet sowie die schwere Schrotpatrone heraus. Beide kamen wieder in das Futteral, nur die leere Hülse der 7 x 65 R behielt ich nachdenklich in der Hand, bevor ich sie umständlich in meine Brusttasche zu den Papieren steckte. Dann stieg ich die einundzwanzig Sprossen hohe Leiter von der Kanzel. Ich lief durch braunes Altgras zu dem Flecken, auf dem der Hirsch gestanden hatte, als ich ihn beschoß. Meiner Gefährtin reichte das dürre Riedgras bis an die Schultern. „Wie groß ist ein Hirsch, den man in diesem Wirrwarr sehen konnte, als stünde er auf einem Teppich?“, fragte ich mich.

Am Anschuß waren keine Schußzeichen auszumachen. Weder Schnitthaar noch Schweiß fanden wir. Was Wunder, wenn hier vieljähriges Gras in jedem Frühjahr aus sich selbst herauswächst. Der Hirsch war zurückgeflüchtet in Richtung Suhle, also mußte auch in dieser Richtung gesucht werden.

Mit jedem Schritt, den wir uns nun vom Anschuß fortbewegten, näherten wir uns ein gutes Stück jener Unsicherheit, deren Gipfel die Verzweiflung ist. Jene Verzweiflung, die der Jäger erlebt nach einem Schuß, welcher das Wild nicht sichtbar bannt und die das Jägerherz umso mehr zusammendrückt, je seltener und kapitaler die erhoffte Beute war. Natürlich gebührt jedem Stück Wild die gleiche Aufmerksamkeit, und der verantwortungsbewußte Jäger wird ein schwaches Kalb mit der gleichen Sorgfalt nachsuchen wie einen kranken Hirsch. Das ändert aber nichts an der unterschiedlichen Stärke der Gefühle, die, wie auch sonst im Leben, von der Größe der Ereignisse bestimmt werden.

Das kleine Wiesenstück jenseits von Bach und Suhle war schnell abgeschritten. Verzweifelt kroch ich unter die einzeln stehenden Fichten, deren Äste wie Reifröcke den Boden decken. Ich fand nichts. Meine Gefährtin suchte weiter hangaufwärts in einer Richtung, die mir für die Flucht eines kranken Tieres gänzlich ausge-

schlossen schien. Wir stolperten aneinander vorbei, schauten uns fragend an, obwohl jeder den ersten Schweißspritzer mit unüberhörbarer Erleichterung angezeigt hätte. Mit der Dunkelheit kamen die Zweifel. Saß mein Schuß wirklich in der Kammer wie ich es annahm? Wieso war dann die Wiese leer wie ein Kirrplatz am Morgen?
Normalerweise verbietet es sich, dem kranken Wild unmittelbar nach dem Schuß hinterherzusteigen, wie ein Hirt der entlaufenen Herde. Die Regel ist, das getroffene Wild krank werden zu lassen und am nächsten Morgen nachzusuchen. Doch ich war mir meines Schusses sicher. Und die Nacht war warm. Die Grillen zirpten, als säßen sie in einer Backröhre. Der Hirsch mußte her, sofort! Das war mein Wille und meine Hoffnung.
Damaris ging wieder den Graben entlang und wollte hangaufwärts suchen. Ich wußte es besser. Ein kranker Hirsch kommt dort nicht hinauf, bestimmt nicht! In Gehren schlug die Kirchuhr. Der Wind ging auf Zehenspitzen. Nur ein paar Schläge trug er zu uns herauf. Es mußte zehn sein. Wir brachen ab.
Auf dem Heimweg trugen wir unsere Gedanken noch einmal zusammen: Der Hirsch würde die Kugel haben. Wir wollten Jagdleiter und Hundeführer benachrichtigen. Nachsuche am frühen Morgen. Tschüs und gute Nacht. Damaris grüßte noch einmal hinter ihrer Trabischeibe. In diesem Augenblick wußte ich, daß sie keine gute Nacht haben würde.
Der Jagdleiter nahm meinen Bericht am Treppenhausfenster zur Kenntnis. Auch er empfahl, am Morgen nachzusuchen. Nun wollte ich noch zu Klaus, dem Hundeführer. Gedankenversunken stieg ich in meinen Wagen. Was sollte das rote Licht dort neben der Straße? Die Schranke sperrte mir für zehn Minuten den Weg und eröffnete meinen Gedanken freien Lauf:
Der Autositz wurde zum Kanzelbrett, das Gleisbett zum Wildacker. Nach schier endloser Suhle, die mich so erregte, daß ich mit pochendem Herzen in der Kanzel stand, kam der Hirsch plötzlich mit raschen Schritten hinter den Fichten hervor. Hatte er schon unsere Witterung oder was sonst trieb ihn zu solcher Eile? Nun war mein Innerstes zum Zerreißen gespannt. Der Hirsch würde ganz sicher in unseren Wind kommen und entweder umkehren oder in weiten Fluchten den Wildacker hinter sich lassen. Im ganzen blieben mir für Ansprechen und Schießen zwei, drei Sekunden. Da ich das Schießen ganz

bestimmt nicht versäumen wollte, erledigte ich das erstere fast gefühlsmäßig.
Der Hirsch passierte auf sechzig Meter, war massig, nicht mehr jung und aschgrau infolge seines Suhlenaufenthaltes. Das Geweih auf dem tief getragenen Haupt wirkte klein im Vergleich zu dem gewaltigen Körper. Keine Krone – ein Abschußhirsch!
Lag der Drilling schon an der Schulter und mußte ich nur noch stechen? Habe ich überhaupt gestochen? Ich wußte es nicht. Wie von fremder Hand geführt, senkte sich mein Kopf über den Schaft. Mein rechtes Auge suchte den sechsmal vergrößterten Hirsch im Zielfernrohr, schon faßte der Zielstachel den Wildkörper. Ich zielte hochblatt und beobachtete die Reaktion des Wildes beim Schuß. Jäh riß der Hirsch das Haupt empor, dann knickten die Hinterläufe ein. Der Hirsch rutschte zurück. Plötzlich, als habe er einen Schreck überwunden, schwenkte er den schweren Rumpf über seinen rechten Hinterlauf und floh zurück in das Bachbett. Schon verbargen ihn die Randfichten und wieder schmatzte der Schlamm unter den starken Läufen. Aber das klang anders, als vor wenigen Augenblikken. Wir hörten Schlurfen. Irgendwo brach dürres Gezweig und bis zur Kanzel drang das Stöhnen des Hirsches. War das der Fall des Tieres, hatte der Tod seinen Lauf gestoppt? Hörbar atmete ich aus. Wann hatte ich überhaupt das letzte Mal Luft geholt? Meine Gefährtin schaute mich an. Ich wußte, daß sie alles ebenso intensiv erlebt hatte wie ich.
Ein nicht endenwollender Güterzug rasselte vorüber, dann hob sich die Schranke und nach wenigen Minuten stand ich bei Klaus im Vorgarten. Der Jagdfreund zündete eine Zigarette an und hörte meinen Bericht. Die Flamme des Streichholzes beleuchtete sein schmales Gesicht. Als er sich den liebenswerten Rest einer Locke aus der gebräunten Stirn strich, dachte ich daran, daß Klaus im nächsten Monat einundfünfzig wird. Aber noch immer hat er die Passion eines Jungjägers. Dann meinte er, wir sollten gleich noch nachsuchen. Mir konnte das nur recht sein. Schlaflos wäre die Nacht so und so geworden.
Am Anschuß war der kleine Teckel überhaupt nicht zu sehen. Nur die Grashalme bewegten sich dort, wo der graue Geselle seinen Weg suchte. Dabei warfen unsere Stablampen gespenstige Schatten, die den Hund sicher noch irritieren mußten. Aber der strafte meine Befürchtung Lügen. Ruhig suchte er das Bachbett entlang und fand

zurück zur Suhle. Dort lobte Klaus den braven Hund und setzte ihn erneut an. Der Teckel zog nun zurück zum Anschuß, machte einen Bogen und kehrte um zum Bachbett. Dabei bewegte er sich ein paar Meter unterhalb der Gesundfährte. Unbeirrt zwängte er sich durch das hohe Gras hinter den einzeln stehenden Fichten. Ich war froh, daß die Taschenlampe nicht verriet, wieviel Mal wir hier schon entlanggelaufen waren. Dann standen wir vor dem Steilhang, den ich Damaris als Fluchtrichtung ausgeredet hatte. Der Hund kannte meine Argumente glücklicherweise nicht. Er suchte weiter. Keine vier Meter hangauf, auf einem modernden Fichtenstamm, verwies er das erste Mal Schweiß. Ich hätte den Hund küssen können, doch der brauchte seinen Fang jetzt, um der Wundfährte zu folgen. Wir zwängten uns durch dichten Bestand und schon drehte sich Klaus zu mir herum und wünschte Weidmannsheil. Weil ich trotz Lampenschwenken kein Wild sah, deutete er auf den schlaffen Schweißriemen. Dann hörten wir das Knurren des kleinen Fährtensuchers. Nach wenigen Schritten standen wir vorm letzten Bett des verendeten Feisthirsches.

Daß wir den schweren Wildkörper kaum bewegen konnten, wie ich beim Aufbrechen geschwitzt habe, daß wir uns im Unterholz noch verliefen und am anderen Morgen zu viert das steife Wild zum Fahrweg schleiften, davon will ich hier nicht berichten. Der Erfolg macht alle Mühe schnell vergessen.

Der Hirsch hatte tatsächlich keine Kronen, aber in jeder Gabel die Andeutung einer Vereckung. Bei etwas gutem Willen ist es ein Zwölfer. Damaris hat die Trophäe sauber aufgesetzt und ausgepunktet. Sie liegt knapp unter Bronze, aber was bedeutet das? Es ist mein stärkster Hirsch und das ebenmäßige Geweih wird mich stets an einen spannungsreichen Jagdtag erinnern.

Zwei Dinge habe ich hinzugelernt: Das menschliche Auge kann nicht messen, nur vergleichen. Das am Wild so dürftig aussehende Geweih ist der absolute Favorit an meiner Trophäenwand. Und: Was unwahrscheinlich ist, muß nicht unmöglich sein. Hätte ich meiner Kameradin geglaubt, so wäre dem Hund, und natürlich auch seinem Herrn, der Nachteinsatz erspart geblieben.

ZWEIUNDZWANZIGSTES KAPITEL

Erste Begegnung mit Rotwild

Das Zusammentreffen mit Wild erhöht den Pulsschlag jedes Jägers. Obwohl er diese Situation ständig herbeizuführen sucht und zudem erwartet, ist das so. Der Pulsschlag erhöht sich um so mehr, je seltener und je kapitaler das Wild ist. Deshalb erinnere ich mich noch recht gut an meine erste Begegnung mit Rotwild.

Es war Ende August. Jörg benötigte für die Vorbereitung seiner Hunde auf die DDR-Leistungsprüfung einen Hasen und eine Ente. Als Jungjäger ist man für derartige Herausforderungen schnell zu haben. So sagte ich zu. Natürlich war ich der einzige, der sich um diese scheinbar reizvolle Aufgabe riß, denn wer ballert schon in der Feiste im Wald herum „nur" wegen eines Hasen, den er nicht einmal selbst verwerten kann, zumal ja Schonzeit war.

Die Ente machte nicht das Problem, aber ihre Bergung. Einen Hund hatte ich nicht, und um mir einen zu borgen, dazu war ich in dieser Situation zu stolz. Deshalb lag eine Stockente, die ich geschossen hatte, als sie vor mir aus dem Schilf des Seerosenteichs aufstieg, mitten auf dem Wasser. Ich mußte warten, bis sie mir der Wind an das eine oder andere Ufer trieb. Das tat er nicht! Ich kenne den Seerosenteich schon lange und ich sah ihn weder vorher noch nachher je wieder so völlig glatt. Selbst hinschwimmen wollte ich auch nicht, wegen der vielen Leute, die kommen konnten und meines Renommees.

Also tat ich ganz unbeteiligt, ging zurück zum Wagen und tauschte die Flinte mit meiner Angel. Schnell schlaufte ich einen schweren Blinker ein, überwarf die reglose Ente. Gleich darauf ließ ich die Angel im Schilf verschwinden, denn es kamen Urlauber, denen mein Tun nicht offenbar werden sollte. Es dauerte eine Weile, bis diese Gefahr gebannt war. Dabei fiel mein Blick noch auf das Schild „Baden und Angeln verboten, Aufzuchtgewässer". Was weiß ein Urlauber vom Beißverhalten eines zweisömmrigen Karpfens einerseits und der beabsichtigten Wirkung meines schweren Blinkers andererseits. Als die Luft rein war, zog ich die versunkene Montage unter Überwindung eines beträchtlichen Widerstandes zu mir heran und landete das verrottete Laub eines fernen Herbstes. Es gelang mir endlich auch, die Ente zu bergen, über die kaum etwas zu berichten lohnt.

Ich erzähle das Ganze auch nur, um deutlich zu machen, daß es für den Jäger zwei Gründe dafür gibt, eine Jagd in Erinnerung zu behalten: Einmal ist es das Wild, zum anderen sind es die Umstände. Ich war jedenfalls ziemlich gram mit mir selbst und schlug mir die Sache mit dem Hasen selbst aus dem Kopf.

Für die Heimfahrt war es noch zu früh, für den Ansitz schon zu spät. Deshalb fuhr ich zur Jagdhütte hinauf und begann einen abendlichen Pirschgang. Dazu umschlug ich die Hüttenwiese und schlich den Grasweg hinab zum Wildacker. Bald lag der Kirchenschlag rechts von mir, den ich prüfend betrachtete. Hier tat sich meist etwas, wenn man nur lange genug hinschaute. Richtig! In der linken Ecke ein brauner Fleck. Genaues Hinschauen: Den Graben entlang zog mir Rotwild entgegen. Regungslos verharrte ich. Zur Ansprache brauchte ich bald kein Fernglas mehr. Dort unten stand ein mindestens achtendiger Feisthirsch ohne Krone. Hinter ihm zogen noch Tier und Kalb. Ebenso schnell wie leise streifte ich meine Gummistiefel ab und versuchte hinter den Stämmen der Altfichten etwas Deckung zu finden. Dabei schlug mir das Herz bis zum Hals. Rotwild um diese Zeit, es war noch taghell, und dazu in Schußentfernung.

Als ich die Waffe hob und entsicherte, sprang der Hirsch ab. Offensichtlich hatte er mich nur gehört, aber nicht wahrgenommen, denn seine Flucht führte ihn nach links ins Altholz, also fast in meine Richtung. Ich versuchte noch, auf das Kalb zu Schuß zu kommen. In der Aufregung drückte ich den vorderen Abzug der Doppelflinte. Obwohl ich meinte, gut abgekommen zu sein, flüchtete das Kahlwild in die hinter ihnen liegende Dickung. Das Kalb zeichnete nicht. Dies war auch verständlich, denn das Zielfernrohr der Flinte war auf den Lauf mit der stärkeren Würgebohrung eingerichtet, weil der das Flintenlaufgeschoß erfahrungsgemäß etwas genauer verarbeitete.

Wie festgewurzelt blieb ich noch eine Weile stehen und beobachtete die Fichtendickung. Dabei steckte ich eine neue Patrone in den rechten Lauf. Plötzlich knackte es neben mir. Der Hirsch trat wieder aus dem Hochwald, als wolle er sich vom Befinden seiner Damen in

Kenntnis setzen. Doch bevor ich die Waffe schließen und in Anschlag bringen konnte, sicherte er in meine Richtung und setzte sofort zurück.
Mir war zum Verzweifeln zumute. In kürzester Zeit hatte ich sichere Schußchancen auf Rotwild vergeben, die sich so bald kaum wiederholen würden. Von hier aus waren es noch vierzig Gänge bis zum vermeintlichen Anschuß. Aber ich fand keine Schußzeichen und heute bin ich froh darüber. War der Hirsch wirklich abschußwürdig? Und, wie hätte ich als Jungjäger dagestanden, mit einem Kalb, zwei Tage vor Beginn der Jagdzeit?
Aber damals trat ich geknickt den Heimweg an und informierte mit dem Ausdruck tiefer Niedergeschlagenheit meinen Jagdleiter von den Ereignissen des Nachmittages und Abends, von meiner ersten Begegnung mit Rotwild.

DREIUNDZWANZIGSTES KAPITEL

Unser Brauchtum

Unsere Weidmannssprache ist mit rund zwölftausend Termini eine der wortreichsten Fachsprachen. Diese Zahl beeindruckt noch mehr, wenn man bedenkt, daß im Alltag schon zweitausend Worte für unsere Verständigung ausreichen. Weidmannssprache hat nicht nur ihren Zweck, sie ist auch schön. Vor allem erleichtert sie die Verständigung an Stellen, an denen es sonst langer Umschreibungen bedarf, um einen Sachverhalt ausreichend darzustellen.
Die Bezeichnung „Dreiläufer“ ist so ein Beispiel, und es gibt noch sehr viele andere. Nun hat freilich kein Weidmann alle diese Bezeichnungen parat, zumal viele für dieselbe Sache stehen und ihre Verwendung zwischen Rügen und Rennsteig unterschiedlich erfolgt. Aber alle Nimrode bemühen sich darum, ihre Sprache fleißig zu gebrauchen; manchmal auch deshalb, um den Nichtjäger auf seine bestehenden Bildungslücken aufmerksam zu machen. Auch ich bemühe mich darum, unsere bildreiche Weidmannssprache richtig zu erlernen und sicher anzuwenden. Das kommt schon darin zum Ausdruck, daß ich Kopf und Hals beim Rehwild auch „Kopf“ und „Hals“ nenne, nicht „Haupt“ und „Träger“, was auch möglich und üblich ist. Wer schon einmal ein Kitz geschossen hat, der wird mir da Recht geben.
Aber zum jagdlichen Brauchtum gehört ja weit mehr, als nur die Sprache. Dazu zählt die Kleidung, die Hundeführung und das Beherrschen der Jagdsignale ebenso, wie das Verhalten nach dem Schuß, das Streckelegen und vieles andere. Spannende Jagdgeschichten aus anderen Ländern haben für mich deshalb wenig Reiz, weil ich bei ihnen die ethische Einstellung zum Weidwerk meist vermisse. Ich kann mir auch nicht vorstellen, daß mich der Kauf eines Abschusses, vorausgesetzt ich hätte das Geld zu solchem Tun, irgendwo in der Welt befriedigen würde, so lange ich dabei auf Gedeih und Verderb

der Kunst eines Führers ausgeliefert bin. Zum Erlebnis Jagd zähle ich unendlich viel mehr, als die Abgabe des tödlichen Schusses.
Zum Brauchtum gehören auch die Brüche. Nach meiner Erfahrung sind „Letzter Bissen", „Schützen- und Inbesitznahmebruch" bei unseren Weidgenossen zu längst geübter Praxis geworden. Dagegen wird bei vielen Bruchzeichen, die zur Kenntlichmachung von Fährte und Anschuß dienen oder solche, die organisatorische Hinweise vermitteln, noch scheue Zurückhaltung geübt. Die Ursache hierfür liegt nicht etwa darin, daß ein Weidgenosse diese Zeichen nicht kennen würde. Das beileibe nicht! Viele sind sich einfach nicht sicher,

ob der andere Weidgenosse sie auch kennt. Also Jäger, zeigt Vertrauen, bedient euch wieder der Bruchzeichen. Aber seid da vorsichtig, wo Bruchgebiete sind, und legt nicht dort welche an, wo noch keine sind.

Ein Brauch aber, den jeder kennt und den die meisten pflegen, das ist der des „Tottrinkens". Vom Laien oft mißverstanden, dient diese Zeremonie fast ausschließlich dem Informationsaustausch. Dabei weckt, erweitert, vertieft und färbt der Alkohol die Erinnerung. Er öffnet die Ohren der Zuhörer, macht gleichsam Trommelfelle und Gehörgänge passierbar für Fachtexte, die schon ins „Latein" gehen. Oft habe ich dabei geholfen, diesen Brauch zu pflegen, aber am schönsten waren jene Abende, die ich mit Klaus bei Friedel und Gerhard versaß.

Einmal wollte Friedel einen geringen Bock schießen. Als sie mit Klaus, der als Erfolgsgarant zur Seite stand, ins Revier zog, gab ich den beiden den ehrlichen Tip, es am Kirchenschlag zu versuchen. Ich selbst blieb am Wildacker sitzen. Friedel und Klaus gingen durch den Hohlweg, an der Suhle vorbei und schlichen oberhalb meines Platzes ins Altholz. Es war noch keine Viertelstunde vergangen, da knallte es schon. Als die Dämmerung einsetzte, kamen die beiden schwer bepackt aus dem Altholz heraus. Ich stieg von der Leiter und konnte herzlich „Weidmannsheil" wünschen. Vor Friedel lag der empfohlene Bock, und selten habe ich eine glücklichere Jägerin gesehen.

Frohgelaunt, den Fall beschwatzend, zogen wir ins Tal, mußten aber gleich noch einmal umkehren, weil uns unterwegs das „kleine Jägerrecht" abhanden gekommen war. Nachdem sich wieder alles und alle beisammen befanden, lud Friedel zum „Tottrinken" ein. Dazu gesellten sich noch ihr Mann und Gerhard, ihr Vater, der damals gerade amtierender Jagdleiter war. In fröhlicher Runde verbrachten wir dann fünf lustige Stunden damit, über eine Sache zu reden, die fünfzehn Minuten gedauert hatte. Immer wieder mußte Friedel berichten, wie sie den Spießer gestreckt hatte. Jeder von uns vertrat seine Ansicht zu den Dingen, steuerte eigenes Erleben bei und trank Friedels Schnaps. Am sehr frühen Morgen pirschten wir dann nach Hause. Man soll die Beute ja tottrinken und nicht „totsaufen". Es gibt allerdings brauchbewußte Jäger, die das sogar dann tun, wenn es keinen aktuellen Anlaß gibt, was natürlich eine besondere Schwierigkeit darstellt.

VIERUNDZWANZIGSTES KAPITEL

Heiße Grandeln

Abendpirsch im September. Langsam stieg ich den Kammweg herunter, lief an der abendgrauen Jagdhütte vorbei und wollte zum Wildacker. Dort saß mein Jagdleiter an, dort wollten wir uns treffen, sobald das Büchsenlicht verloschen war.

Ich hatte guten Anblick gehabt, war auf der Höhe mit Stirnwind ganz nahe an einen Sprung Rehe herangekommen. Vor mir querte ein Brandfuchs das Gestell. Noch war es hell genug zum Ansprechen. Um meinem Kameraden das Wild und damit seine jagdlichen Chancen nicht zu vertreten, verhielt ich an der Jägerquelle und beschloß, mich noch ein Viertelstündchen auf die Ansitzleiter vorm Kirchenschlag zu setzen. Kaum hatte ich die Hälfte der Sprossen unter mir, da sah ich Rotwild zwischen den mannshohen Fichten. Lautlos nahm ich den Rest der Leiter und spekulierte nach dem Wild. Drei Stücke Kahlwild zogen langsam auf die Suhle unter der kleinen Quelle zu. Nur ab und an waren ihre langen Häupter oder ein Stück Träger zu sehen.

Leise bezog ich meinen Sitz und nahm das Fernglas vor die Augen. Ich erkannte Tier, Kalb und vorneweg – siehe da – ein geringer Spießer. Nun erhielt der Abend seinen Höhepunkt. Der Spießer war auf jeden Fall ein Abschußhirsch. Wenn er nur freistünde! Langsam zogen die drei durch die Fichten, naschten von den jungen Zweigen und gelangten so zum nahen Wasser. Wenn ich die Sache richtig kalkulierte, dann trennten mich vom Wild etwa hundert Meter und von der Dunkelheit noch eine Viertelstunde. Die Minuten verrannen, ohne daß sich eine Schußgelegenheit ergab, sooft ich auch durch das einäugige Zielglas spähte. Vorneweg zog der Spießer. Dahinter blieben Tier und Kalb. Freilich waren Haupt und Träger manchmal zu sehen, wenn das Wild von den Fichtenzweigen und Holunderblättern äste, aber für einen Schuß auf die Halswirbel war mir die

K.-P. Reif

Sache viel zu riskant. Auf fatale Weise empfand ich, wie die Dunkelheit nun immer rascher zunahm, bald war meine Dickung ohne jede Farbe. Grau in grau standen die Bäumchen mitsamt dem begehrten Wild. Noch immer blieben die drei hintereinander. Sie zogen auf eine kleine Blöße zu, in deren Mitte eine fruchtbehangene Eberesche stand. Nun keimte doch noch einmal Hoffnung in mir auf. Vor der Eberesche bekäme ich die Wildkörper frei, hier würde das helle Gras einen leidlichen Kontrast liefern. Das Gewehr gestochen, konzentrierte ich mich nun auf den Vogelbeerbaum. Es war eben die Grenze zwischen Visieren und Spekulieren, die man meiden sollte und auf deren Überschreitung der Jäger in der grünen Praxis so oft angewiesen ist, als mein Schuß herausfuhr. Die angestaute Spannung legte sich fürs erste.

Noch geblendet vom Mündungsfeuer des Kugellaufes nahm ich mein Fernglas und beäugte die Fläche vor der Eberesche. Ein paar Zweige knackten, lautes Rauschen verlor sich in der Dickung, doch zu sehen war nichts, solange ich auch spähte. Ich blieb sitzen, bis eine Taschenlampe durch die Erdstämme schaukelte und mein Weidgenosse mit dem verabredetem „huup" sein Nahen anzeigte.

Schnell war der Hergang erzählt. Im Vertrauen auf die gute Wirkung des Kegelspitzgeschosses meiner 7 x 65 R-Patrone sowie dem bekannten Anschußort beschlossen wir, mit der Taschenlampe noch nachzusuchen. Die Blöße und der Baum waren bald gefunden, nicht so mein Spießer. Im Brombeergerank konnten wir trotz aller Mühen keine Schußzeichen erkennen, ebensowenig an den Zweigen der Fichten rund um die kleine Wiese. Das war deprimierend, ließ aber noch alles offen. Gemeinsamer Beschluß: Warten bis morgen, Nachsuche mit Hund!

Auf dem Heimweg ging mir mein Erlebnis immer wieder im Kopf herum. Ich war doch präzise abgekommen. Mitte Blatt stand der Zielstachel. Ich hatte auch darauf geachtet, daß die in der Dämmerung kaum sichtbare Spitze des Absehens nicht zu hoch lag. Meiner festen Überzeugung nach mußte der Spießer die Kugel haben.

Als ich zu Hause mein grünes Zeug auszog, bemerkte ich tatsächlich ein wenig Schweiß über dem linken Knie. Also gab es doch Schußzeichen in den Brombeeren.

Eine unruhige Nacht verging. Als ich nach ein paar Stunden Morgenschlaf erwachte, da sickerte Nieselregen durch das nebelige Gewölk des frühen Herbstmorgens. Das verschlechterte die Erfolgs-

aussichten für die Nachsuche, zumal der Schweißhund vor acht Uhr nicht an der Suchleine sein würde. Die Situation beunruhigte mich derart, daß ich allein loszog.
Mit klopfendem Herzen stapfte ich durch das nasse Gras des Wildackers, durch den tropfenden Hochwald zur Jägerquelle. Dort erlebte ich die erste Überraschung: An der Suhle stand das Kalb und als es mich bemerkte, trollte es zurück in eben jene Dickung, in die ich geschossen hatte.
Der Regen wurde immer stärker. Deshalb schob ich meinen Rucksack unter die dichten Zweige einer Randfichte. Abermals untersuchte ich den Anschuß. Doch auch das fahle Morgenlicht bescherte weder Schweiß noch Schnitthaar. Ich fand keine Knochensplitter und keine Eingriffe. Mir blieb weiter nichts übrig, als spiralförmig um die Eberesche zu kreisen. Und richtig, bergan, keine zwanzig Meter vom Anschuß entfernt, brachte mir die Methode den Erfolg, auf den ich gern verzichtet hätte. Da lag mein Stück Rotwild mit sauberem Blattschuß, eingeknickten und längst steifen Läufen, den Träger um den Stamm einer jungen Fichte gelegt – nur das Geweih fehlte...
Ich hatte das Alttier gestreckt. Offenbar hatte es gestern abend, von mir unbemerkt, mit dem Spießer die Position gewechselt. Das Kalb war die ganze Nacht in der Nähe der toten Mutter geblieben.
In diesen Minuten war ich froh, daß ich allein vor dem Wild kniete. Mechanisch verrichtete ich die rote Arbeit. Unter Aufbietung aller meiner Kräfte schleppte ich den steifen Körper achtzig Meter bis zum nächsten Fuhrweg. Schweißnaß saß ich neben dem toten Tier. Mein Herz klopfte zum Zerspringen. Bevor ich den geöffneten Wildkörper mit ein paar Fichtenzellen verblendete, löste ich die Grandeln aus dem Oberkiefer.
Noch heute liegen diese kleinen, schön gezeichneten Grandeln, die die Trophäe beim weiblichen Rotwild ausmachen, versteckt in meinem Gewehrschrank. Und sie brennen mir in den Händen, sooft ich sie betrachte.

Guter Mond

In Oberhof und Zinnwald liefen die Vorbereitungen unserer Biathleten auf die Olympischen Winterspiele auf Hochtouren. Ich hatte Trainingsgeräte entwickelt und gebaut, die unseren Sportlern Vorteile im Schießtraining bringen sollten. In dieser Angelegenheit war ich viel unterwegs und hatte wenig Zeit. Und gerade da kam Klaus und wollte mich für einen Nachtansitz gewinnen.
Viel Mühe hatte er nicht, denn dazu lasse ich mich immer gern überreden, zumal gerade Vollmond war und die segensreiche Notleuchte aller Nimrode von keinem Wölkchen verdeckt wurde.
Nach Absprache mit dem Jagdleiter, fuhren wir zum Schulberg. Dort war Rotwild zu erwarten. Karl saß auf der Kanzel, Klaus und ich bezogen unsere Ansitze zwischen Galgenteich und Pennewitzer Chaussee.
Während ich auf Walters Paradekanzel stieg, heute hat er mehrere dieser gefälligen, aber ein wenig engen Sitze angefertigt, bezog mein Weidgenosse eine Leiter vorm Haferfeld. So ganz zuversichtlich waren wir auf einmal beide nicht mehr. Es gibt bei der Jagd solche Ahnungen, denen man unbedingt nachgeben sollte, denn in der Hälfte der Fälle sind sie richtig.
Interessiert sah ich den Flugspielen der Fledermäuse zu und hörte wie die Enten einfielen. Kurz nach einundzwanzig Uhr stieg der Mond in die Wipfel der Bäume. Nach wenigen Minuten hing er frei am Himmel, so daß die Bäume Schatten warfen. Da pfiff Klaus, der als unruhiger Geist bekannt ist und wohl gerade eine Ahnung hatte. Ich entlud mein Gewehr, stieg von der Kanzel und näherte mich mit blinkender Taschenlampe dem Treffpunkt. „Hier kommt doch kein Hirsch", brummte Klaus, „wir fahren zur Apfelallee und pirschen die Kirrplätze nach Sauen ab!" Obwohl ich keine Lust mehr hatte, schloß ich mich an.

Der Mais in der Apfelallee war unberührt und der am Wechsel vor den frisch gerückten Stämmen schon abgeräumt. Doch Klaus wollte nicht aufgeben. „Weiter, zur neuen Kanzel am Haferschlag!“ Lustlos stolperte ich hinterdrein.
Auf der Kanzel hatten wir bequem Platz. Das gehört für den Jäger schon zu den Freuden. Jeder spähte durch seine Luke. Noch ehe fünf Minuten vergangen waren, legte mein Gegenüber die Zigarette zur Seite und flüsterte: „Da ist doch Rotwild.“ Diese Mitteilung ermunterte mich wieder etwas. Durchs Glas erkannten wir am oberen Feldrain dunkle Flecken, die sich gegeneinander verschoben. Aber auch bei längerem Beobachten zeigte sich kein Haupt. Wir sprachen neu an und legten uns nun auf Schwarzwild fest.
Der Mond wurde heller. Die dunklen Flecken kamen etwas näher. Sauen, zweifelsfrei! Zwei starke Stücke, etwa fünf der mittleren Kategorie und etliche Frischlinge belebten den Hafer.
Nun begannen quälende Minuten. Die Sauen wollten einfach nicht dichter herankommen. Zu allem Überfluß kroch der Nebel das Ilmufer entlang und verzerrte die Wildkörper zu Schemen, die im Zielfernrohr nicht mehr richtig aufzulösen geschweige denn vors Absehen zu bringen waren. In den nebelarmen Minuten machen wir uns gegenseitig Hoffnung, unterschätzen aber die Entfernung. Jeder versuchte, ein Stück ins Glas zu bekommen. Klaus wollte zählen: „Zwei, drei, Feuer“, doch soweit kamen wir nicht. Vorher drehten sich die Sauen, der Nebel kam wieder oder unser Verstand besiegte das Jagdfieber. Wir erlebten auf die Dauer eines Fußballspiels den Wechsel zwischen Hoffnung und Enttäuschung, zwischen Entsichern, Zielen, Sichern und Absetzen.
Als sich der Nebel wieder einmal verzog, war das Wild verschwunden. Ich plädierte für Heimweg, doch Klaus bestimmte: „Anpirschen!“ An die Leiter gepreßt, baumten wir ab. Gebückt schlichen wir durch das Getreide hinüber zum Ilmufer. Dort übertönte das rauschende Wasser die Geräusche unserer Schritte. Als wir die obere Feldkante erreichten, raschelte es in den großen Pestwurzblättern. Ungesehen führten die Bachen ihre Frischlinge durch die Ilm. Doch auch vor uns im Feldrain war noch ein Grunzen. Klaus nahm das Zielfernrohr von der Waffe und bereitete sich auf einen Schnappschuß vor. Ich hob meine Waffe in Anschlag und schaute durch das Glas in Richtung Grunzen. Deutlich konnte ich den aufstrebenden Wildkörper zwischen den Ackermelden ausmachen. Ich korrigierte den Anschlag

und drückte ab. Wir hörten den peitschenden Knall, ein helles Quietschen und schlagende Geräusche. Klaus warf mir, dem damaligen Jungjäger, einen raschen Blick zu, den man am besten mit verwunderter Hochachtung übersetzen konnte. „Du bist schnell“! rief er. Aus seinem Munde wollte das etwas heißen, denn mir persönlich wurden keine Begebenheiten bekannt, die ihm eine solche Aussage nochmals abverlangt hätten.
Nach wenigen Augenblicken gingen wir zum Anschuß. Ein Überläuferkeiler lag im Wundbett, wurde vorn hoch und wetzte wütend sein Gebräch. Nach dem Fangschuß ging ein Zittern durch den Wildkörper. Dann streckte sich der Schwarzkittel.
Mein Kamerad drückte mir die Hand und wünschte: „Weidmannsheil“! Im Vollmondlicht zeigte die Uhr Mitternacht. Ich brach den Keiler auf, und gemeinsam zogen wir ihn zum Wegrand. Dort lüfteten wir die Schulterblätter und verwitterten das Stück gut mit den beiden Patronenhülsen in der Hoffnung, den Fuchs möge der Pulvergeruch mehr abschrecken, als ihn die Schweißwitterung anziehe. Mit den Innereien im Rucksack fuhren wir nach Hause.
Da mir der Weg ins eheliche Bett nicht lautlos gelang, schreckte meine Frau auf und schaute entgeistert auf den Wecker. Sie weiß nicht, daß draußen Vollmond ist und daß der Tag für die Sauen in der Nacht beginnt.

SECHSUNDZWANZIGSTES KAPITEL

Entenbraten

Um siebzehn Uhr endete heute mein Arbeitstag, um neunzehn Uhr beginnt die Jagdversammlung. Da bleibt für das Weidwerk – vernünftig betrachtet – keine Zeit. Aus der Sicht eines jagdfiebernden Jungjägers jedoch bleiben knappe zwei Stunden. Das reichte gerade, um an den Talteichen nach den Enten zu sehen. Also klappe ich das Zielfernrohr von der Flinte, schiebe ein paar Schrotpatronen in den Gürtel und mache mich auf den Weg.

Ich besitze noch keine eigene Waffe. Diese Zwölfer-Querflinte mit der 104 am Schluß ihrer Nummer gehört dem Staatlichen Forstbetrieb. Mit ihr schoß ich meinen ersten Bock; mit einem Flintenlaufgeschoß und dem vierfachen Zielglas. Diese Notlösung für die Jagd auf Schalenwild gehörte für zwei Drittel der Jäger unseres Landes zum Alltag. Welcher Aufwand und wieviel jagdliches Geschick hinter den dennoch hohen Schalenwildstrecken stehen, wird deutlich, wenn man bedenkt, daß sich der Jäger auf weniger als sechzig Schritte dem Wilde nähern muß, um halbwegs treffsicher schießen zu können.

Der erste Teich enttäuscht. Es sitzt nichts darauf, und es fliegt auch nichts davon.

Zum Zweiten gelange ich durch mannshohes Schilf. Das ist zwar beschwerlich, aber nur so bekomme ich die Schrebergärten hinter mich und kann unbesorgt schießen. Doch meine Mühe wird nicht belohnt. Keine Ente, kein Bleßhuhn, das Wasser liegt ruhig und ungetrübt vor meinen Füßen.

Den nächsten Teich erreiche ich bequem. Er ist mit einer dicken Linsenschicht bedeckt und sieht aus wie ein großer, ovaler Teppich aus grünem Nadelfilz. Offensichtlich wird dieser Teppich vom Wassergeflügel geschont. Ein Blick auf die Uhr beschleunigt meine Schritte. Ich habe heute keine Zeit dazu, die Schönheiten dieser kleinen Teichlandschaft aufzunehmen.

Linker Hand liegt nun der verlandete Weiher mit einer kleinen Schilfinsel in seiner Mitte. Enten hätte ich schon von hier aus sehen müssen, zumindest sie mich. Also rasch den Damm entlang und weiter talwärts. Da platscht es vor meinen Füßen. Das erste Exemplar der Familie Stockente strebt mit heftigem Schwingenschlag von mir fort. Rasch reiße ich die Flinte von der Schulter, fahre mit und drücke ab – der Vogel fliegt unbeeindruckt weiter. Für die Ente bedeutet dies, daß 35 Gramm Blei mit fast elfhundert Stundenkilometern vorbei gerast sind, was aus ihrer Sicht erfreulich sein dürfte; für mich heißt es, daß ich mit zweihundertzwanzig Bleikugeln daneben geschossen habe, wenig ruhmvoll und aus meiner Sicht durchaus bedauerlich.

Aber gleiches mußte anderen Jägern vor mir auch schon passiert sein, denn die meisten Flinten besitzen seit früher Zeit zwei Läufe. Also nachgeführt, Visierpunkt über den Vogelhals und losgelassen. Dumpf schlägt die Ente hinter die gegenüberliegende Uferböschung. Natürlich muß dieser zweite Schuß ganz rasch und ohne umfängliche, theoretische Zwischenbetrachtungen abgegeben werden. Durch meine geliebte Wurftaubenschießerei bin ich daran gewöhnt, und die Gedanken hatte ich mir schon zu Hause gemacht.

Ich nahm die Ente auf und trug sie stolz nach Hause. Dort überreichte ich sie mit der Miene des sorgenden Patriarchen der Frau in der Küche.

Als ich aus meiner Versammlung kam, lag das gerupfte Flugwild auf dem Tisch und bot nun einen doch etwas ernüchternden Anblick. Das Tier besaß neben einem auffallend zierlichen Körper, der einer vierköpfigen Familie kaum Sättigung versprach, beeindruckend viele Kiele, die der kühne Weidmann nun mühsam mit der Pinzette entfernte.

Gut geschmeckt hat sie trotzdem, meine erste Ente!

SIEBENUNDZWANZIGSTES KAPITEL

Der Jubiläumshirsch

Schwerlich werde ich den 18. September 1989 vergessen. Es war ein Montag, der letzte mit Sommerzeit in diesem Jahr. Normalerweise halte ich nichts von dieser Verwaltungswillkür, nach deren Durchsetzung es für den Jäger abends nicht dunkel und morgens nicht hell werden will. Aber heute kommt sie mir recht. Wenn das Wetter so bleibt, beginnt in einer Woche die Brunft. Leider wird mir dann kaum noch die Zeit für den Abendansitz bleiben. Wenn ich von der Arbeit komme, setzt schon die Dämmerung ein und das mit jedem Tag drei Minuten früher.

Am 18. September jedenfalls hatte ich die Zeit. Es war ein klarer, warmer Tag in diesem an schönem Wetter so reichen Jahr. Ich pirschte die Feldkante an der Friedenshöhe entlang, um mir ein Bild zu machen über das Maisfeld und seine Besucher. Die mannshohen Pflanzen trugen zwar reichlich Kolben, trotzdem war das Fährtenanbgebot von Sauen und Hirschen nicht so verlockend wie ich mir das vorgestellt hatte. Gleichwohl fand ich reichlich Spuren von denen, die mit Moped oder PKW hier anwechselten und die weißen Kolben für ihren Sauertopf ernteten. Gerade jetzt passierte wieder ein gelber Sturzhelm die Maisspitzen, bog um die Feldecke und offenbarte, daß ein ganzer Mensch samt Motorrad und zwei großen Reisetaschen dazugehörte. Dadurch war mir die Feldkante bald ganz verleidet. Ich lief ohne Vorsicht bis zum Talweg und stieg dann bergan zur großen Waldwiese. Die Kanzel in der Doppelfichte war mein Ziel. Hier habe ich in den letzten zehn Jahren wohl um die tausend Stunden verbracht, hatte Weidmannsheil und Weidmannspech oder nichts von beidem. Unter dem Schirm der alten Bäume wurde mir kalt und naß, auf dem schmalen Brettersitz habe ich gehofft und verzagt. Aber keine Stunde saß ich hier, die ich bereut hätte! Vieles von dem, was ich von Wiesen, Wäldern und Wild weiß,

das habe ich auf dieser Kanzel gelernt. Und viel an Nervenkraft, die mir ein komplizierter Alltag entwendete, ist mir hier auf wunderbare Weise wieder zugewachsen.
Im Hochwald querten frische Kahlwildfährten den Pirschpfad, die nach Richtung und Logik nur zum Maisschlag führen konnten. Zur Umkehr reizten sie mich jedoch nicht. Fast ausgetrocknet ist die Jägerquelle in diesem Jahr. Nur ein paar Rinnsale, die sich unterwegs zusammentun, versuchen den Bestand des Bächleins zu erhalten. Dadurch wirkt die derbe Brücke, die ich zu Ostern mit Damaris hier gebaut habe, etwas aufschneiderisch. Drei oberschenkelstarke Fichtenstämme überspannen ein fußbreites Bächlein in einer knietiefen Schlucht.
Durch den Hirschholunder tanzt ein brauner Fleck. Wieder haben mich die Rehe bemerkt, bevor ich ihrer ansichtig wurde. Das passiert mir hier nicht zum ersten Mal und ich frage mich, woher die große Scheu des Wildes kommt. Selbst wenn ich es gewollt hätte, wäre ich hier nicht zum Schuß gekommen.
Die große Wiese trägt noch das erste Gras. Aufrecht, aber verdorrt und ohne jede Anziehungskraft für das Wild stehen die Halme; manche anderthalb Meter hoch. Im Winter drückt sie der Schnee zu Boden. Sie werden wieder zu dem, woraus sie gewachsen sind. Das geht nicht in einem Jahr vonstatten, so daß die neuen Spitzen es schwer haben, den Filz der faulen Gräser zu durchdringen. Deshalb wäre eine Mahd für Wiese und Wild gleichermaßen vorteilhaft, aber insgesamt sind das wohl zwölf Morgen hügeligen Landes. Der Anblick der großen Fläche hat den guten Vorsatz immer wieder erschlagen.
Auf der geräumigen Kanzel lege ich Patronentasche, Fernglas und Lampe ab. Dann setze ich mich mit dem Rücken zur Sonne und schaue mit ihr zusammen auf die Fichtenwipfel gegenüber. Noch ist es Zeit, aber besser ich erwarte das Wild als umgekehrt. Es ist auch nichts zu sehen und zu hören, bis auf die unermüdlichen Grillen, deren Gezirp in der Luft ist, ohne daß man zu sagen wüßte, woher es kommt.
Ich grüble über mich und die Welt, prüfe die Stellung des Sicherungshebels meiner Waffe, so wird es neunzehn Uhr; das folgende Ereignis rechtfertigt die Genauigkeit der Zeitangabe. Wohl höre ich es unter den alten Buchen knacken, dort, wo alter Windbruch sich zu morschen Zäunen türmt. Aber wer denkt schon ernsthaft an einen

Hirsch, wenn erst vor knapp drei Wochen hier ein starker Zwölfer von meiner Kugel fiel? Wer denkt an Rotwild in einem Waldgebiet, solange die Sonne noch die Wipfel streichelt und kein Amselschlag das Nahen des Wildes anzeigt, die Rotkehlchen sich verhalten und kein Eichelhäher zum Verräter wird?

Jedenfalls schaue ich wenig erregt nach rechts. Da steht – wie hingehaucht – ein Hirsch. Sinnbild von Kraft und Jugend, hält er stolz das Haupt in den Himmel, streckt sich, bis Mähne und Rücken eine Linie bilden, senkt das stattliche Geweih auf den Träger herab. Als ich seinen ungestümen Ruf erwarte, klingt ein nasales „öööh" zu mir herüber. Erst jetzt hebe ich das Glas; selten konnte ich bequemer ansprechen. Das Geweih ist sicher achtzig Zentimeter hoch. Wie auf einer Leiter klettert mein Blick die rechte Stange hinauf: Augsprosse, Eissprosse, Mittelsprosse, kräftige Gabel. Nun die linke Stange. Das ist die mir nähere Seite, denn der Hirsch steht schulmäßig breit vor seinem Jäger. Wieder: Augsprosse, Eissprosse, Mittelsprosse und keine Gabel. Ein stumpfer Spieß mit der Spur einer Vereckung an seiner Vorderseite bildet den Abschluß. Vom fünften, sechsten Kopf mag der junge Herr dort drüben sein und trotzdem ein Abschußhirsch mit selten interessanter Trophäe.

Ich sitze starr vor Staunen. Langsam befällt mich das, was in laienhafter Umschreibung Jagdfieber genannt wird. Nun zieht der Hirsch talwärts. Er will zur Suhle, das ist verständlich. Doch in dieser erdbraunen Pfütze, die nicht größer ist als ein Caféhaustisch, wird kaum Wasser sein. Ich bewundere die stolze Gestalt des Hirsches, die Anmut seiner Bewegung. Noch kann ich schießen, noch sind zwanzig Gänge zwischen dem Wild und der Suhle. Das Ganze spielt keine siebzig Gänge vor mir. Aber, durchfährt es mich, darf ich denn schießen? Zu Recht wies der Jagdleiter darauf hin, daß von den acht Jägern unserer Pirschgruppe erst drei einen Hirsch gestreckt hätten, davon einer sogar zwei und ein Schmaltier dazu.

Das war ich. Er sagte das nicht ausdrücklich, aber unter Jagdkameraden weiß man, wer einen Hirsch geschossen hat. Er selbst habe gar seit neun Jahren keinen mehr gestreckt.

Ich denke an die Gesichter meiner Freunde, an gemeinsames Mühen und Plagen in der Notzeit, an schwere Arbeit bei der Revierpflege. Viel Schweiß haben wir zusammen vergossen. Jeder von ihnen hat einen Hirsch verdient. Ich denke an die zwanzig Enden, die meiner Trophäenwand im letzten Jahr hinzugekommen sind; ein Achter im

Februar und der starke Zwölfer vor drei Wochen. Ich weiß, daß ich nicht schießen werde!
Endlich hat der Hirsch die Suhle erreicht. Es ist gut für meine Nerven, daß die einzeln stehenden Fichten das so verlockende Ziel verbergen. Ich lausche. Aber der schmatzende Sturz bleibt aus. Das Rauschen der Zweige, das klatschende Wälzen des großen Körpers klingt nicht zu mir herüber. Kein wohliger Schnaufer verläßt den Äser des starken Wildes. Statt dessen erscheint der Hirsch wieder. Er hat den kleinen Fichtentrampel ganz einfach durchschritten. Ohne Hast quert er das schmale Bachbett. Nun steht er ziemlich genau da, wo ich vor drei Wochen dem Zwölfer die Kugel antrug. Ich hebe automatisch den Bockdrilling. Es ist ja so verlockend leicht, nur noch Stechen, Zielen und Drücken, dann habe ich den Hirsch, mitsamt seiner imposanten Trophäe. Nach kurzem Verhoffen setzt der Hirsch seinen Weg über die Wiese unter meinem Sitz fort. Wie an einem unsichtbaren Band geführt, zirkelt er einen lebensgefährlichen Kreisbogen um meine Kanzel. Er will hinauf zum Gotteskopf, dorthin, wo das Kahlwild steht. Die Schalen des Hirsches streifen den Raps, mit dem hier der Wildacker bestellt war und der wieder aufgegangen ist. Doch nicht der Hunger treibt den stolzen Hirsch, die Liebe bestimmt seinen Weg. Er wird den Äser nicht senken. Dafür kommt er bald in meinen Wind. Vielleicht wittert er auch meine stundenalte Fährte. Dann wird er abspringen, und die grausige Versuchung hat ein Ende.
Mir kommt es vor, als sei das Wild jetzt unruhiger, als bewege sich der Windfang nervös vor diesem stolzen Körper. Aber der Hirsch zieht weiter auf seinem Todeszirkel. Seit bestimmt zwei Minuten bewegt er sich vor seinem Jäger, nie weiter als sechzig Meter von der Mündung meines Dreilaufes entfernt. Kann ich nicht doch schießen? Der Wildschaden, die überhöhten Bestände, die Einmaligkeit und die sicheren Umstände sind Argumente für das Ja. Haben meine Kameraden ihre Chance nicht selbst verschenkt? Warum sitzt keiner von ihnen auf der Kanzel? Zu Hause habe ich meine Hirsche auch nicht geschossen. Jede Trophäe hat mich Zeit und Schweiß und Kraft gekostet. Seit zehn Jahren betreibe ich die Jagd im Mittelgebirge. Mit ihren Freuden und Enttäuschungen ist sie längst zu einem Teil meines Lebens geworden, zu einem sehr wichtigen. Und es wäre mein zehnter Hirsch! Das Wild sichert bergan. Zweifellos strebt er dem Kopfe zu, ein Weg, den ich ihm mit der Kugel sicher ersparen

kann. Wieder denke ich an meine Kameraden und lasse den Finger gerade. Der Hirsch verläßt jetzt die Wiese. Er taucht hinter eine mächtige Fichte. Danach werde ich ihn ein letztes Mal zu Gesicht bekommen, wenn er die schmale Schneise vor dem wilden Bambus quert.

Trotz des Widerstreites meiner Gefühle bin ich jetzt ruhig. Das Herz pocht mir nicht mehr in den Hals hinauf. Gedanklich ist der Hirsch ja längst mein. Aber das Leben spielt in der Wirklichkeit ,und da steht er noch stolz auf seinen vier Läufen. Wenn er auf der Schneise noch einmal verhofft, werde ich schießen! Das nehme ich mir fest vor. Schon erscheint der braune Körper. Wie eine Zeitlupenaufnahme verfolge ich seine Bewegungen vor den großen Blättern. Lautlos und unendlich langsam verschwindet der Hirsch aus meinem Gesichtsfeld, der zehnte Hirsch meines Jägerlebens. Verloren ist das Wild, dahin die Möglichkeit seiner Jagd!

Habe ich nun gesiegt, weil ich verloren habe? Wiegen Großmut und Kameradschaft die Trophäe auf? Entnervt hänge ich die Waffe an den rostigen Nagel über meinen Sitz. Unter mir rascheln die Halme. Ein alter Bock mit weißer Brille und stark zurückgesetztem Gehörn trollt über die Wiese. Ich sehe ihn das erste Mal, aber ich beachte ihn nicht.

Ich sichere die Waffe, öffne den Verschluß und stecke die drei unterschiedlich großen Patronen zurück in das Futteral. Dann nehme ich Fernglas sowie Lampe auf und steige von der Kanzel. Dies alles zu einer Zeit, da man mit der Jagd beginnen könnte. Der Grillengesang begleitet meinen Weg. Ich suche nicht nach Trittsiegeln, als ich die Fährte des Hirsches quere. Mit mir trage ich die wohl am schwersten errungene Trophäe meiner zehn Jägerjahre. Aber eines werde ich tun. Ich werde das Geweih des Hirsches aufzeichnen so gut mir das gelingt, mit der Genauigkeit einer tiefen Erinnerung. Ich werde diese Skizze meinen Kameraden zeigen, dieses ärmliche Abbild eines stolzen Hirsches, der mein zehnter war, auch wenn ich ihn nicht geschossen habe.

ACHTUNDZWANZIGSTES KAPITEL

Ein Heimlicher

Heimlich war er, der alte Bock mit dem knuffigen Widdergehörn, das jeder Ziege besser zu Gesicht gestanden hätte als einem Rehbock. Und er galt als schußfest, nach allem, was wir mit ihm in den letzten beiden Jahren erlebt hatten.

Nun liegt er vor mir. Die Lichter des Alten sind gebrochen. Ich schiebe den letzten Bissen in sein graues Gesicht. Dann besinne ich mich noch ein paar Minuten.

Der Bock hat sein Leben gelebt. Zwischen Wildacker und Hexenstein sah er gute und schlechte Jahre, Winter mit meterhohem Schnee und klirrendem Frost, aber auch trockene Sommer und milde Herbste. In den letzten Jahren schob er nur noch Spieße, die keine Vereckungen mehr zeigten und sich immer mehr über die Lauscher bogen. Manche Blattzeit über hat der Bock sein Revier behauptet. Von der Quelle über den großen Schlag hinauf bis zum Kamm trieb er seine Ricken und Schmalrehe. Hier war er ihnen ein ungestümer Liebhaber, den kecken Nachwuchsböcken ein gnadenloser Widersacher. So jagte er mir im vorigen Jahr einen schwachen Bastspießer geradewegs unter die Leiter. Ich kam zum Schuß auf den Geringen ohne Pirsch und Mühe, wie auf dem Schießstand. Dutzendfach hat er das Merkmal seiner Ahnen, ein an Vereckungen armes Gehörn vererbt. Und die Ricken, denen man es nicht ansieht, geben diese Eigenheit an ihre Kitze weiter.

Auch deshalb hatten wir es schon lange auf diesen Bock abgesehen, Arno, Klaus und ich. Drei oder vier Kugeln waren dem Alten mit dem grauen Gesicht schon um den Hals geflogen. Die Letzte im August, als uns der Bock bei einem Pirschgang vor die Läufe kam. Zwischen uns lagen um die fünfzig Schritte. Weil es der Spießer nicht eilig hatte, strich Klaus an einer Fichte an. Aber gerade als er abdrückte, rutschten Hand und Gewehr den Stamm herunter. Der

K.-P. Reif

schwarze Waldboden spritzte dem Bock unter den Bauch und der Schuß war noch nicht verhallt, da dröhnte sein ärgerliches „böö, böö“ schon den Schlag herauf. Klaus schüttelte den Kopf, murmelte etwas wie: „Schußfester, alter Ziegenbock“, vor sich hin und feuerte die leere Patronenhülse ins Brombeerkraut. Ich tröstete ihn, war aber doch ganz froh über sein Mißgeschick und darüber, daß der Alte noch lebte.

Von nun an saß ich oft am Schlag und erwartete ihn da, wo er uns begegnet war und ruhig über den Weg ziehen wollte. Aber das tat er nicht wieder. Einmal nur stand er zwischen den Jungfichten, zog aber dann hinter eine Brombeerhecke. Dort blieb er auch, zumindest bis ich gegangen war. Dann sah ihn niemand mehr, den Heimlichen.

Heute hatte es den ganzen Tag geregnet. Erst am Abend drangen ein paar blasse Strahlen der Herbstsonne durch die Wolken. Besseres Pirschwetter kann es nicht geben. Schon vor sechs ging ich über den Wildacker, den Klaus in der letzten Woche noch mit Waldstaudenroggen bestellt hatte. Der lehmige Boden klumpte an meinen Stiefelsohlen, und in meiner dicken Kutte wurde es mir tüchtig warm. Aus der Weißdornhecke strich eine Amsel ab. Hier machte ich erst einmal Rast, nahm den Rucksack von der Schulter und legte den grünen Hut vor meine Füße. Auf dem Kamm weht immer ein fleißiger Wind. Das ist nicht gut für den schweißnassen Balg. Zeit hatte ich ja noch genug.

So saß ich ruhig. Als ich nach fünf Minuten durch meinen Dornbusch guckte, wollte ich meinen Augen nicht trauen. Am Waldrand stand ein Bock und was für einer. Der Blick durchs Fernglas beseitigte den letzten Zweifel: Dort stand der alte, heimliche und schußfeste Ziegenbock. Bedächtig äste er Holunderblätter. Er reckte sich mächtig, um an die zarten Spitzen zu gelangen und stand dabei schräg von mir abgewandt. Für das Flintenlaufgeschoß war das fast zu weit. So fünfzig, sechzig Schritte schätzte ich die Entfernung. Da zog der Bock ein paar Schritte nach links und machte sich am nächsten Strauch zu schaffen. Dabei stand er ganz breit und meine Jagdleidenschaft besiegte die Bedenken.

Im Schuß riß der Bock den Kopf zwischen die Läufe, fuhr nach rechts herum, tauchte unter den Busch und war verschwunden. Ich biß die Zähne aufeinander und lauschte. Es knackten noch ein paarmal dürre Äste. Dann wurde es still. Wenigstens verhöhnte er mich nicht. Sein trockenes Schrecken blieb aus.

Langsam ging ich zum Anschuß. Die bogenförmig ausgebissenen Holunderblätter verrieten mir den genauen Standort des Bockes. Schußzeichen konnte ich dagegen nicht erkennen. An den Blättern war kein Schweiß, weder Knochensplitter noch Schnitthaar lagen im Gras. Ich bog die Zweige auseinander und trat noch ein paar Meter in die Fichten. Auch hier war nichts.
Ich mußte den Hund holen, auch wenn der kaum verstehen würde, was er hier sollte. Mein Blick strich noch einmal durch die Erdstämme, über den kahlen, von einer braunen Nadelschicht bedeckten Waldboden. Da! War dort nicht ein heller Fleck?
Vierzig Meter vom Anschuß entfernt lag der Bock mit gutem Blattschuß. Seine Decke hatte sich über den Einschuß geschoben und so jeden Schweißaustritt verhindert.
Ich freue mich über mein Weidmannsheil. Einige Male fahre ich mit der Hand über das sonderbare Gehörn. Lange schon hatte ich es auf den Alten abgesehen, und doch ist es schade, daß ich ihn so leicht auf die Decke gebracht habe.

NEUNUNDZWANZIGSTES KAPITEL

Brunfthirsch 83

„Brüllen sie schon?" oder „Liegt der Hirsch?" Das sind in der zweiten Septemberhälfte die unter Grünröcken üblichen Fragen. Teils stellt sie die Neugier, teils befriedigt die Verneinung und zum Dritten und Seltensten gibt dies Gelegenheit, den bereits erzielten eigenen Erfolg kundzutun.

Doch der Abschuß der Hirsche hat in unseren Revieren seine Schwierigkeiten. Wegen der ständigen Beunruhigungen durch Gesundheitsläufer, Holzmacher und Pilzsucher ändern sie ihre Einstände, halten sich heimlich und treten erst spät auf Wiesen und Felder aus, um zu äsen. Dafür ziehen sie morgens bereits vor Tag wieder in die Dickung. Es nützt uns nicht viel, daß die Jagdzeit für Rothirsche bereits vor der Feiste im August beginnt. Jedenfalls ist es uns in den vergangenen fünf Jahren nicht gelungen, in unseren Revieren einen halbwegs standorttreuen Rotwildbestand nachzuweisen. Anblick hatte wir nur zu Zeiten, als ein Ansprechen nicht mehr möglich war, und was wir fährteten, das waren Kahlwild, also weibliche Tiere, und geringe Hirsche, die noch im Familienverband standen. Es gab keine Zeichen vom heimlichen Feisthirsch, später gar vom Brunftrudel oder von Platzhirschen mit Adjutanten und Beihirschen in der lauten Brunft, wie es die Bücher berichten.

Wir legten nachts die Hände hinter unsere Ohren: Ein schwaches Knören vom Stechberg herüber, ein Trenzer auf dem Brandskopf – sonst nichts. Dabei behaupteten die nicht jagenden Arbeitskollegen vom Rennsteig, sie müßten nachts die Fenster schließen, um vor lauter Brunftgeschrei überhaupt in den Schlaf zu kommen. Nun, jeder macht sich auf seine Weise interessant.

Wir hielten uns an die handgreiflichen Fakten und inspizierten alle lukrativen Kulturen. In den letzten Haferschlägen auf der Oehrenstöcker Höhe – nichts; in den grünen Saaten der Zwischenfrüchte auf der Friedenshöhe – ebenfalls nichts. Die Rüben stehen auch zu nahe an der Gehrener Chaussee. Noch geht Vorsicht vor Hunger. Aber im Esbach fanden wir erste Anzeichen. In den Spätkartoffeln sind frische Eingriffe, liegen angeäste Knollen. Die Rückfährten führen über die Straße ins Paulinzellaer Revier. Auch Sauen brachen in den steinigen Furchen. Die heimgesuchten Flächen sind so groß, daß Pirsch und Ansitz Erfolg versprechen. Leider hat der Mond seine Unterstützung abgesagt, aber zumindest die Sauen verbummeln sich noch etwas und bringen den Jäger im Morgengrauen noch zum Schuß. So kommt das Wochenende heran und wir beschließen, am Sonnabend frühmorgens die Feldkante vor den Kartoffeln anzupirschen und auszuharren, bis das junge Tageslicht die Flächen überschaubar macht. Dabei ist es von Vorteil, daß das Wild seine Rückwechsel auf uns zu nehmen wird.

Wir sind zu viert und trennen uns an der Chaussee. Jeder zieht seinen Pfad. Ich genauso schnell wie leise wegen des eventuell von meinen Kameraden rege gemachten und vor mir erscheinenden Wildes. Aber als ich den Rand der Kieferndickung erreicht habe, liegt das Feld einsam und still. Zu erkennen ist nicht viel. Nur ein paar Sterne flimmern an der Himmelskuppel, noch ungefährdet vom einsetzenden Morgenrot. Kniehoch steht das dürre Reitgras. Kein Frost hat es bisher angehaucht. Unter den Stiefelsohlen fühle ich ein paar Kienäpfel. Langsam taste ich mich zu dem kleinen Abhang am Waldrand. Dort steht eine einfache Ansitzleiter in den Kiefern. Wenn ich es lautlos anstelle, finde ich ein verborgenes und bequemes Plätzchen. Schnell bin ich oben. Der Rucksack wird zum Sitzkissen und die roh gezimmerte Brüstung zur Gewehrablage.

Hinter dem langgezogenen Kartoffelschlag murmelt das Flüßchen Wohlrose. Glücklicherweise steigt heute von dort kein Nebel auf. Wenn die graue Fee ihren Schleier über den Acker legt, ist es aus mit der Jagd.

Bald wird die Kirchenuhr in Gräfinau sechs Mal schlagen. Allmählich erkenne ich die Erlen und Eschen am Flußufer. Dazwischen stehen kugelige Weidenbüsche, deren Laub schon etwas heller leuchtet. Ich finde einen Baum, der gegen den fahlen Himmel ein wenig Kontrast bietet und kann das Fernglas scharf einstellen. Danach suche ich den Acker ab. Vergeblich. So lege ich das Glas beiseite und hänge in Gedanken. Noch gibt kein Vogel Laut, auch der Wind haucht nur so sanft, daß ich ihn wohl auf meinen Wangen spüre, aber die vertrock-

neten Blätter ruhig in den Zweigen hängen. Wieder werfe ich einen Blick hinüber zum Flußufer. Da, direkt vor den Uferweiden, bewegt sich ein großer Wildkörper, tritt langsam auf die Uferwiese und zieht jetzt in den Kartoffelacker. Das starke Nachtglas zeigt mit die Umrisse eines, zumindest im Wildbret starken, Hirsches. Sein Geweih ist bei diesem Licht schwer auszumachen. Ich meine nur, keine Krone zu erkennen. Wie gebannt schaue ich auf den Hirsch. Der hat mit der Brunft offenbar nichts im Sinn. Sein Umfeld bietet wenig Aussicht auf Liebe, denn er ist der einzige seiner Gattung. Er macht auch keine Anstalten, sehnsuchtsvoll zu schreien, für andere Töne hätte er ohnehin keine Veranlassung. Statt dessen schlägt er mit dem rechten Vorderlauf in die Kartoffeldämme und lebt wie andere in der Feiste.
Leider sind es fast zweihundert Meter bis hinüber zum Flüßchen, und das fahle Licht macht einen Schuß noch unsicherer. Dann steht noch die Frage, ist es überhaupt ein Abschußhirsch? Endlich erreicht er die helle Fläche vor den Weidenbüschen. Sein Geweih ist schwach, viel zu schwach für einen mindestens dreijährigen Hirsch, und so alt ist er, nach seinem Habitus zu urteilen, bestimmt. Hohe Sechserstangen mit langen, spitzen Enden stehen ihm auf dem Haupt. Ich entschließe mich, zu schießen, lege das Fernglas leise auf den Sitz, entsichere und betätige den Stecher der Waffe. Jetzt habe ich den Wildkörper im sechsmal vergrößernden Zielglas. Bequem findet der Hirsch zwischen den Querstacheln Platz. Erst als ich dem Vorderschaft mit der linken Hand eine weiche Unterlage geschaffen habe, probiere ich das Feinzielen. Langsam zieht mein Gegenüber den Kartoffeldamm entlang. Jetzt steht er still. Da peitscht der Schuß durch das morgendliche Tal. Deutlich höre ich den klatschenden Kugelschlag. Schnell greife ich zum Fernglas. Inzwischen veranstalten die Fischreiher auf den Kiefern am Galgenteich ein lautes Spektakel. Mein Schuß hat sie wohl gar zu früh aus ihrem Schlaf geweckt. Aber was kümmert mich das alles, der Hirsch liegt!
Nur wenig hebt sich der dunkle Brocken von seiner Umgebung ab. Er wirkt nun viel kleiner als vorher, da er noch auf seinen Läufen stand. Plötzlich bewegt sich der Wildkörper. Was vorn war, ist jetzt hinten. Haupt und Träger fahren in die Höhe. Dann höre ich das harte Schlagen der Vorderläufe. Sollte ich den Hirsch nur gekrellt haben? Ich lade nach und versuche, den Träger ins Visier zu bekommen. Schon zieht das zweite Geschoß seine Bahn. Rollendes

Echo. Gewehr ab und Fernglas hoch: Das gleiche Bild wie vorher. Haupt und Träger erhoben, schleppt sich der Hirsch zum Fluß. Es war auch wenig aussichtsreich, auf diese Entfernung den Träger anzuvisieren. Mein dritter Schuß zeigt ebenfalls keine Wirkung. Das hohe Gras verdeckt nun vollends den Wildkörper.
Jetzt schlägt die Gräfinauer Turmuhr sechs Mal. Der Hirsch quält sich noch immer im Wundbett. Es wäre unverantwortlich, mit dem Fangschuß auf mehr Licht warten zu wollen, zumal ich nur noch eine Kugel im Etui habe. Schnell steige ich deshalb von der Leiter und gehe mit brennender Taschenlampe über das Feld. Das sind immerhin zweihundertzwanzig Schritte.
Der Hirsch hat die erste Kugel im mittlerem Rückgrat, er ist hinten gelähmt. Keinen Augenblick wendet er das Haupt von seinem Feind und mich trifft der wehe Blick aus den schreckgeweiteten Lichtern. „Reiß Dich den kurzen Augenblick zusammen"! Dies muß der Jäger sich anerziehen und von sich abverlangen.
Mit einem Schuß durch den Träger beende ich die Qualen des Hirsches. Sein Haupt fällt auf den Boden. Noch ein paarmal fährt der Lecker aus dem Äser und reißt das Gras büschelweise von der Wiese. Dann geht ein Zucken durch den braunen Körper, und endlich ist es wieder still im Tal.
Da ist erst einmal kein Platz für Stolz. Ich ziehe den Hut vor meinem Brunfthirsch 1983, der eigentlich gar keiner war. Er trägt ein ungerades Achtergeweih mit langen weißen Enden auf seinem vierten Kopf, das keine Neigung zur Kronenbildung zeigt. Aufgebrochen und ohne Haupt wird er einhundertzehn Kilo auf die Waage bringen.
Rasch macht sich der Tag nun breit, nur der Himmel behält sein fahles Grau. Als ich meinem Hirsch den Erlenbruch gegeben habe, erscheint es mir wie reines Silber. Ich könnte mich noch ein halbes Stündchen auf meinen Sitz begeben. Aber zu aufgewühlt sind meine Nerven. Ich muß mich mitteilen, von meinem Weidmannsheil berichten, von meinem Sieg über den König der Wälder, auf den ich nun stolz bin.

DREISSIGSTES KAPITEL

Freikugeln

Die Jagdgeschichte kennt Freikugeln und Zauberkugeln, Jagdzauber und Aberglauben in unübersehbarer Vielfalt. Ich erzähle fünf Episoden, in denen ich Jagdglück hatte, wie mit Zauberkugeln. Trotzdem waren es keine Zauberkugeln, sondern Geschosse der Patrone 8 x 57 R. Und nur, weil ich sie unentgeltlich zum Probeschießen erhielt, im finanziellen Sinne freie Kugeln.
Vor drei Tagen brachte der Jagdleiter vom Pirschgebiet Langer Berg eine Büchsflinte mit angebrochenem Kolbenhals. „Schäften und Probeschießen," hatte er gesagt und noch fünf Kugelpatronen auf den Tisch gelegt. Er bat um eine rasche Reparatur. Jetzt, mitten in der Brunft, fehlte jedes Rohr. In seinem Jagdgebiet mußten sich mehr als zwei Jäger die Benutzung einer Kugelwaffe teilen.
Ich nahm die Büchsflinte mit ins Waffenwerk. Bereits am Abend drückte mir der Meister die Neuschäftung in die Hand. Es blieb noch das Probeschießen, das ich selbst erledigen wollte.

26. September, die erste Kugel.

Die Reparatur bezog sich auf den Schaft. Warum soll die Visierung nicht mehr stimmen? Aber Kontrolle ist nötig. Wenn sich der Schaden beim Schuß auf den Brunfthirsch dann doch bestätigt, ist es zu spät, unentschuldbar und ärgerlich zugleich. Ich will aber auch nicht in der schönsten Jagdzeit auf dem Schießstand herumknallen. Eine kombinierte Waffe mit Kugellauf bekommt man als Jungjäger nicht jeden Tag in die Hand. So denke ich und steige bergauf ins grüne Revier. Schon liegt das Esbach weit hinter mir, die Stelle, an der ich die Probescheibe aufstellen wollte. Ein paar Atemzüge lang genieße ich den Blick ins Tal, dann gehe ich weiter und steige auf die Leiter über der Jägerquelle. Dort habe ich ein wenig Muße. Über den Kirchenschlag zieht ein Fuchs. Jetzt verbirgt ihn ein Fichtenstubben.

Ich sehe nur noch seine zuckende Luntenspitze. Da zieht er weiter. Vor einer Brombeerhecke verhofft er wieder, schwenkt nun zu mir herüber und dreht seinen schlauen Kopf in die Runde. Schon habe ich ihn im Zielglas, steche und als den Fuchs das Absehen vor die Brust rutscht, drücke ich ab. Im Knall kippt Reineke ins braune Herbstgras. Und als ich die siebzig Meter zu ihm hinlaufe, reift in mir die Überzeugung, daß es mit der optischen Visiereinrichtung noch seine Richtigkeit hat.

Die zweite Kugel.

Wegen der allgegenwärtigen Tollwut hänge ich den Fuchs in eine Schlinge und trage ihn an einem Stock ins Tal. Ich gehe ruhig und auf der Wiese hinter dem brachen Wildacker sehe ich Rehe. Ich muß nicht übertrieben vorsichtig sein, denn sie stehen unter der Fichte mit dem zerbrochenen Sitz, der schon keine Leiter mehr hat.Bis dahin sind es mehr als hundert Meter. Rechts vom Baum steht eine Ricke mit ihren zwei Kitzen, links äst ein Schmalreh.
Es fehlt noch allerhand Rehwild im Abschußplan, so will ich den Schuß versuchen. Ich lege deshalb meinen Fuchs ab und trete zurück in den Wald. Hinter einem Baumstumpf könnte ich liegend schießen und eine sichere Kugel anbringen. Aber als ich im Anschlag bin, sehe ich nur Grashalme, dazwischen verdorrte Hakendisteln und merke, daß es doch nicht geht. Im Knien habe ich Erfolg. Meine Kugel weht das Schmale auf den Rasen, ohne daß die anderen Rehe gleich Notiz davon nehmen. Erst als ich aufstehe, zieht die Ricke mit ihren Kitzen ins Altholz.

27. September. Die dritte Kugel.

Wir machen Morgensansitz im Esbach. Mit drei Kugeln steige ich auf den Sitz im dicken Baum. Gerhard und Karl-Heinz schleichen noch den Waldrand entlang bis zum Rübenfeld. Bald sind sie mir aus den Augen, denn der kleine Fluß lagert feuchte Nebel ins Tal. Die Sicht beträgt keine sechzig Meter, durchs Glas kaum vierzig.
Eine Stunde vergeht, bevor ich auf der Wiese Wild ausmachen kann. Ich sehe, daß es Rehe sind, aber an Ansprechen ist nicht zu denken. Nach und nach reißt der Nebel etwas auf. Ich kann erkennen, daß vor den Rehen noch zwei Köpfe aus dem gereiften Gras schauen. Das müssen Kitze sein. Gerhard und Karl-Heinz sitzen näher dran, sie werden das besser sehen. Die Rehe treten hin und her, aber der

erwartete Schuß bleibt aus. Da steht das linke Kitz auf und zieht auf die Altrehe zu. Ich lege auf, ziele sorgfältig. Im Schuß rutscht das Kitz wieder zurück in die gefrorenen Halme. Eine Ricke springt hinzu, wittert den frischen Schweiß, dann geht der Sprung ab.

Die vierte Kugel.

Schwarzwildfährten führen über den Wildacker. Ich setze mich darüber und warte. Es ist noch hell. Weil die Rotkehlchen so erregt ticken, schaue ich auf die freistehende Fichte mit dem dichten Zweigwerk, das bis zur Erde reicht. Darin verschwindet gerade eine schwarze Katze, der Grund allen Geschreies. Bevor ich das Gewehr anbacke, ist sie verschwunden. Ich behalte die Fichte im Auge und bin ganz erstaunt, als Schwarzkater zwanzig Minuten später den Feldrand hinabzieht. Wie er aus dem Baum und über die nasse Wiese herübergekommen ist, bleibt sein Geheimnis. Und er nimmt es mit ins Grab, denn schräg von oben schieße ich dem Kater meine vorletzte Freikugel durch den Hals.

28. September. Die fünfte Kugel.

Von der Salzlecke zieht mir die Ricke mit ihren zwei Kitzen entgegen. Bald sind sie in Schußweite, aber ich warte ab, bis ich genau ansprechen kann. Am Schluß läuft ein Kitzbock. Es bereitet bestimmt kein Vergnügen, Kitze zu schießen. Aber bei der Erfüllung des Abschußplanes muß auch auf die Altersstruktur geachtet werden. Nach dem Schuß steht die Ricke noch eine Weile und äugt zurück. Sie wartet darauf, daß ihr das Böckchen folgt. Ihr und dem Rickenkitz, das gleich nach dem Schuß abgesprungen ist.
Nun ist es genug. Ich habe mit dem Gewehr eine gerade Kugel geschossen. Fünfmal hatte ich Weidmannsheil in den vergangenen drei Tagen. Ich kann auf erfolgreiche Probeschüsse verweisen, auch wenn ich keine Scheibe mitbringe.

EINUNDDREISSIGSTES KAPITEL

Zwischen Nacht und Tag

Am Horizont graut der Morgen, doch im Wald versteckt sich noch die Nacht. Meine Füße stoßen in schlammigen Boden, fahren durch nasses Gras und über raschelnde Blätter. Der viel zu heiße Sommer ist einem feuchten Herbst gewichen. Spürbar kürzer sind die Tage geworden, der Mond wird erst in zwei Wochen wieder sein volles Gesicht zeigen.

Endlich macht sich der Weg etwas weiter. Vor mir liegt der große Schlag mit den vielen gekappten Birken, deren braunes Laub mir bei Tag immer Wild vorgaukelt. Heute schwebt feuchter Nebel über der Fläche. Da schreckt Rotwild. Kurz und trocken klingen die Laute zu mir herüber. Der Waldweg wird jetzt tiefer und die Fahrrinnen führen knöcheltiefes Wasser. Ein paar Schritte taste ich über den Mittelgrat. Dann wird mir die Sache zu schlüpfrig, ich weiche auf den Rand aus. Auch hier erfordert jeder Schritt meine Konzentration, dennoch gelingt das Laufen nicht ganz lautlos. Mit der linken Hand schalte ich die kleine Lampe ein und schwach fällt ihr abgeschatteter Schein vor meine Stiefelspitzen. Ich taste jetzt Schritt für Schritt vorwärts und endlich sehe ich die Silhouetten der Randstämme. Ein lauer Wind fährt mir ins Gesicht, ruhig trete ich auf die Feldkante.

Vor mir liegt der metertiefe und doppelt so breite Meliorationsgraben, dahinter das abgeerntete Maisfeld, das streifenweise bereits geackert ist. Dazwischen leuchten die unbearbeiteten Stellen, auf denen helle Blätter und auch noch ein paar zerschlagene Maiskolben liegen. Gegen diesen Hintergrund sah ich gestern Tier und Kalb. Heute sucht das Glas vergeblich. Obwohl es noch ziemlich dunkel ist, müßte ich das große Wild ausmachen. Hat das Leittier die Familie bereits ins Stangenholz geführt? Kam daher das Schrecken?

Vor mir spielt der Wind im verdorrten Brennesselkraut. Ich beschließe, noch fünfzig Meter weiterzugehen, bis zur Kanzel an der Wege-

K.-P. Reif

kante. Um diese Zeit wird sicher noch Wild einwechseln. Leise pirsche ich ein paar Schritte voran, um gleich darauf wieder zu verharren. Auf der hellen Feldfläche, vielleicht vierzig Meter vor mir, bewegt sich ein schwarzer Klumpen. Der Wind kommt genau von dort, zudem bin ich vor der dunklen Waldkante im Vorteil. Langsam nehme ich das Fernglas vor die Augen. Bei der Dunkelheit bereitet die Scharfeinstellung Mühe. Genaues ist kaum auszumachen. Der Größe nach tippe ich auf Rotwild. Aber im Glas verrät die Form des dunklen Rumpfes eine grobe Sau. Eine einzelne Sau zu dieser Zeit, das muß ein Keiler sein. Bachen laufen mit ihren Frischlingen, und die geringen Überläuferkeiler ziehen gern zu Zweien oder Dreien. Langsam schiebe ich das Nachtglas unter meine Jacke, entsichere die Bockbüchsflinte und warte eine Weile, in der Hoffnung auf besseres Licht.
Noch bin ich ganz ruhig. Erst als der Keiler auf den frisch geackerten Streifen zugeht, der ihn fast unsichtbar machen wird, entschließe ich mich zum Schuß. Aber nach kurzem Anschlag nehme ich das Gewehr wieder in die Hüfte. Es ist doch noch ziemlich dunkel. Das sechsfach vergrößernde Zielfernrohr zeigt mir nicht eindeutig, wo das Haupt und wo die Keulen des Wildes sind. Ich warte auf die nächste Bewegung des Keilers. Nach rechts. Also ist da vorn. Im Ziel drücke ich den Abzug nach vorn. So ist das Schloß gestochen und es genügt eine leichte Berührung, um den Zündmechanismus auszulösen. Beim freien Schießen ist das besonders wichtig, um den Schuß nicht zu verreißen. Ich fahre noch einmal mit dem Kreuzstachel über den Wildkörper hinaus, korrigiere erneut, dann zieht die Kugel ihre Bahn. Mit dem Flintenlaufgeschoß schieße ich gefühlsmäßig noch nach dem auf mich zuflüchtenden Keiler. Dann geht alles blitzschnell. Vor mir ist gewaltiges Stampfen im Meliorationsgraben. Ich breche die Waffe, und die Ejektoren werfen die beiden Hülsen hinter mich. Es ist dies der einzige Fall, daß der Ejektor am Kugellauf vorteilhaft war. Hastig fingere ich nach neuen Patronen. Vor mir, mit dem Wind, aber bedrohlich schnaufend ist der Keiler. Ich zwinge mich zur Ruhe. Trotzdem schlägt die Geschoßspitze erst ein paarmal ans Patronenlager, ehe ich den unteren Lauf geladen habe. In den Flintenlauf rutscht das dicke Einzelgeschoß. Endlich ist das Gewehr wieder schußfertig.
Das alles dauert sicher keine zehn Sekunden, aber der Schweiß steht mir auf der Stirn. Das Geräusch vor mir ist unverändert bedrohlich.

Nur dem direkt auf mich zu stehenden Wind habe ich es wohl zu verdanken, daß der Keiler mich nicht annimmt. Verzweifelt suche ich nach einem Ausweg. Der Weg zur sicheren Kanzel ist mir durch den schnaufenden Bassen versperrt. Zurück in den Wald darf ich auch nicht. Auf dem glitschigen Weg oder in den Brombeerranken wäre ich ziemlich hilflos. Da bleibt nur das freie Feld. Einem Angriff des Keilers könnte ich durch Abwarten und gezielten Nahschuß begegnen. Das ist leichter ausgedacht als ausgeführt – selbst bei starken Nerven. Ein erneutes Schlegeln und Blasen im Meliorationsgraben macht mir nachhaltig klar, daß einer von uns beiden hier fehl am Platz ist. Da mir die Absichten des wunden und sicher schon aufs äußerste erregten Bassen verborgen bleiben, ziehe ich die Konsequenzen.

Ich springe über den Graben, stolpere das Maisfeld hinauf, bis sich der Birkenstamm neben der alten Ansitzleiter abzeichnet, und atme erst auf, als ich die ersten drei Sprossen unter mir gelassen habe. Auf dem Sitz kann ich alles wieder und wieder bedenken. War mein Schuß übereilt? Wohin habe ich überhaupt getroffen, wird der Keiler zur Strecke kommen? Ich denke sogar daran, daß man mit der geladenen Waffe weder Gräben überspringt noch Leitern besteigt. Nachher ist immer leicht denken. Gespannt erwarte ich den Tag.

Über dem Schulberg leuchtet erstes Morgenrot. Dann wird es rasch hell. Unter meiner Leiter rücken zwei Hasen auf das Feld. Dann zieht ein Schmalreh über den Acker. Es äst an einem gelben Maiskolben, den der Häcksler dort abwarf. Bald darauf wechselt es in den Wald zurück. Doch wonach ich auch schaue, Ablenkung verschafft es mir nicht.

Meine ganze Aufmerksamkeit gilt dem Feldstreifen, an dem ich schoß, und dem Wild, von dem ich kein Anzeichen entdecken kann. All meine Hoffnungen stecken in dem brennesselumsäumten Meliorationsgraben. Um halb sieben ist es endlich hell. Ich verlasse meinen Hochsitz und bewege mich mit langsamen Schritten zum Anschuß. Hier ist der Boden aufgebrochen. Ich finde starke Eingriffe. Parallel zum Rückwechsel des beschossenen Keilers liegt die Gesundfährte. Bei ihrem Anblick stockt mir der Atem. Es ist die stärkste Fährte, derer ich bisher ansichtig wurde. Handtellergroß sind die Trittsiegel, kräftig markieren sich die breitstehenden Afterklauen. Dagegen sieht die Wundfährte aus wie hingeschlurft, die Schrittweite ist geringer. Bereits am Anschuß liegt viel Schweiß, der die Fährte linksseitig bis hin zum Graben begleitet. Die rote Farbe ohne Beimengungen läßt auf einen Muskelschuß schließen. Auf dem Acker liegen die Schweißspritzer aber so weit seitlich, daß eine Schlagader getroffen sein muß. Insgesamt kann ich mir keinen rechten Reim auf die Sache machen.

Im Meliorationsgraben endet die Rotfährte, an einer Stelle, die keine vier Meter von meinen ausgeworfenen Patronenhülsen entfernt ist. Diese Beobachtung jagt noch einmal eine Gänsehaut über meinen hinteren Hals. Dann wünsche ich mir einen Schweißhund her. Statt dessen treten meine drei Kameraden aus dem Stangenholz, die dort die Rückwechsel besetzt hielten. Erregt schildere ich meine Erlebnisse. Dann gehen wir gemeinsam zurück. Rudi untersucht den Anschuß. Karl besieht sich den Meliorationsgraben und Arno stiefelt schon in den ersten Büschen herum. Ich erinnere an den Hund, aber der helle Morgen und das nicht selbst Erlebte machen den Dreien Mut. Und es vergehen keine fünf Minuten bis zu Arnos Ruf: „Da liegt er!“ In seiner Stimme klingt bereits Erstaunen und als wir uns davon überzeugt haben, daß kein Leben mehr in dem Keiler ist, versammeln wir uns um den gestreckten Bassen.

Mit eingeknickten Läufen liegt der gewaltige Körper an eine Kiefer gelehnt. Bevor er sein letztes Bett annahm, hat er das grobe Haupt in den Wind gestreckt und mit Blickrichtung zum Feld auf seinen Feind gewartet. Sein starkes Gewaff läßt mich nochmals an die Sekunden nach dem Schuß denken. Dann ziehe ich den Hut und gebe dem Keiler den Bruch. Es ist schön, die Freude über mein Jagdglück mit den Kameraden teilen zu können.

Ich bin stolz darauf, den gut drei Zentner schweren Bassen vom Boden aus überwunden zu haben, wenngleich der nicht besonders gut sitzende Nierenschuß mir die Vorteile der Ansitzjagd vor Augen hält. Unter dem Eindruck der erfolgreichen Jagd und angesichts des starken Wildes stehen wir noch beisammen. Erst als die milden Strahlen der Herbstsonne in unser Dickicht dringen, schleppen wir den Keiler auf den Wiesenpfad und verrichten die rote Arbeit. Dann ziehen wir heimwärts. Mit frohem Herzen gehe ich voran. Der Schützenbruch schmückt meinen Hut. Was stören mich jetzt Schlamm und Pfützen. Um mich herum brennt der Wald. Gelb der Ahorn, braun die Kastanie, rot die Eberesche und wie goldene Funken fegt der Wind die Feuerblätter durch die Luft auf den modrig nassen Herbstboden.

ZWEIUNDDREISSIGSTES KAPITEL

Das Dreizehnte

Das Mündungsfeuer der Büchsflinte nimmt mir für Augenblicke die Sicht. Der Knall ist verhallt, als die Ricke in letzten tiefen Fluchten vom Anschuß flieht. Dann fällt das Stück, mein letztes Reh in diesem Jahr – das letzte Stück im Abschußplan.

Nun kommt die Zeit der Hege. Das Bemühen, dem Wild die Härten des Winters zu mildern, denn der natürlichen Auslese wurde schon mit der Waffe vorgegriffen.

Das heute gestreckte Reh war das dreizehnte Stück Schalenwild meiner Jungjägerzeit. Ich bin nicht abergläubisch, aber als ich die Innereien aus dem Rucksack nehme, fehlt mein Weidmesser. Es liegt noch dort, wo ich die rote Arbeit verrichtete, am Waldrand an der Friedenshöhe inmitten schweißgefärbter Schneekristalle.

DREIUNDDREISSIGSTES KAPITEL

Nach einer Neuen

Vorige Woche ist der Winter in die Berge gezogen. Über Nacht schickte er seinen Quartiermeister, den Frost. Mit ihm kam der Nordwind. Der rollte dem Hirschholunder die letzten Blätter, machte erst einmal Reif auf die Waldwiesen und verbot den Zeisigen den Schnabel. Tags darauf wurde neu vorgerichtet. Weiche, weiße Flocken fielen in die Spitzen der Fichten, auf die Büsche und Gräser und zuletzt auch auf den Nadelboden. Nun ist alles bereit; die letzte Jahreszeit nimmt Logis mit all ihren Freuden und Unannehmlichkeiten – vier Monate lang.

Draußen ist eine „Neue", sagt der Jäger, und für ihn zählt das zu den Freuden. Jede Fährte ist authentisch, alle Spuren stammen aus der letzten Nacht. Es fehlen nur ein paar ängstliche Füchse, denen die Sache noch unbekannt ist, sowie ein alter Keiler, dem die Nacht vorerst zu hell erscheint.

Ich pirsche mit Rudi vorsichtig durchs Lohmetal und freue mich an der Stille des Waldes. Am Forellenteich trennen wir uns. Mein Kamerad nimmt die verlassene Kirrung unter der Fichtendickung als Ziel. Dann will er den großen Schlag über der Waldschenke umlaufen. Ich steige hinauf zur Sachsenpfütze, fährte bis zur Haldenwiese und dann den Kammweg entlang. An der geschlossenen Kanzel über dem Schlag soll unser Treffpunkt sein.

Bis hoch zur Sachsenpfütze ist der Schnee scheinbar unberührt. Er deckt das dünne Eis, das sich auf den Pfützen, die in den Fahrrinnen stehen, gebildet hat. Wenn ich meine Stiefel daraufsetzte, klirrt es wie brechendes Glas. Hier lief ein Hase vor mir. Ihn trug das dünne Eis. Auf der Haldenwiese stehen drei Heureiter. Im Juli haben wir ihnen Planen um die Spitzen gebunden, dennoch hat sie der Nordost tüchtig zerzaust. Zwei Rehe sind vorbeigezogen. Noch besitzt das verblichene Heu nicht ihr Interesse.

Den Kammweg entlang gehe ich mit einer Fuchsspur. Hier querten auch ein paar Rehe, aber was ich suche, finde ich erst hinter der Futterhütte: Rotwildfährten! Drei und noch eine etwas daneben. Es sind keine kapitalen Trittsiegel, aber Rotwild war es gewiß und in der letzten Nacht. Ich knie mich und versuche auf Größe und Geschlecht des Wildes zu schließen. Tier und Kalb sind deutlich auszumachen. Die beiden anderen Fährten sind gleichstark. Wenn das neben dem Alttier ein Schmales war, dann müßte die einzelne Fährte zu einem geringen Hirsch gehören. So wird es sein!

Ein Schuß weckt mich aus meiner Grübelei. Dumpf klingt es und weitab. Der neue Schnee verschluckt das Echo. Ich warte auf einen zweiten Schuß oder auf flüchtendes Wild, aber der Wald liegt still. Mit schnellen Schritten gehe ich weiter. Wieder quere ich die vier Fährten. Hier zog das Wild zurück in die Dickung, in der es geborgen ist.

Nach wenigen Minuten bin ich bei meinem Kameraden. Es war Rudis Schuß. Mit dem Flintenlaufgeschoß machte er Dampf auf einen Fuchs; ziemlich weit zwar, aber Reineke schlug seinen Todessalto. Er fuhr mit dem spitzen Fang in eine Wurzelhöhle, als wäre das der sichere Bau. Dann streckte er sich. Als wir zu ihm treten, ist das Leben aus ihm getropft in den weichen Schnee unter seinen noch warmen Balg.

Auch über den Schlag führten die vier Fährten bis hinunter in die Lohme. Dort hat das Wild von den krautigen Wurzeln der Kresse geäst. Über die Zusammensetzung des kleinen Rudels deckt sich unsere Meinung. Ein nächtlicher Ansitz müßte die Mühe lohnen. Vor allem ist es noch erträglich kühl, der neue Schnee bietet zudem genügend Kontrast für den sicheren Schuß.

Als die Abendglocken läuten, treffen wir uns und steigen wieder ins Lohmetal. Auf dem Sitzbrett hinter einem Schirm aus längst verdorrten Fichtenzweigen finden zwei Mann gerade Platz. Wir setzen uns auf unsere Rucksäcke und stellen die Gewehre an unsere Seite. Vor uns murmelt das Bächlein, dem der Frost noch kein Korsett angelegt hat. Es zieht seine dunkle Spur durch den weißen Schnee und wäre leicht zu überspringen, wenn es nur nach der Breite des Wassers ginge. Aber an den Ufern ist die Wiese zu Morast geworden. Nur wenige der kissenartigen Grasbüschel sind so fest, daß sie einen Mann tragen. Weiter unten im Tal vermehrt sich der Bach. Dort macht er einen Zickzack, als wolle er seinen schnellen

K.-P. Reif

Lauf verhalten, um noch zu verweilen, im schönen Tal der Lohme. Dort sind ein paar tiefe Kolke. In ihnen will Arno schon Forellen gefangen haben. Mir scheint die Sache lateinisch. Als er mir von seinem Fang erzählte, habe ich genickt, was aber nicht heißen sollte, daß ich auch daran glaubte. Ich will es im nächsten Sommer selbst prüfen. Noch weiter unten speist der Bach einen Teich. Dann bleibt rechts der Wald zurück, das Wasser fließt durch Weideland, unterquert eine Straße, einen Gleiskörper und trifft sich dann mit dem Esbach. Zusammen machen sich die beiden auf den Weg und spenden ihr klares Wasser der Ilm.
Daran denke ich, als wir uns einrichten und auf das Keckern eines Fuchses hören, das von den Douglastannen zu uns heraufklingt. Dann wird es still. Unsere Köpfe fahren erst wieder aus dem Kragen, als gegenüber zwei Rehe auswechseln. Mit den Vorderläufen schlagen sie den Rasen frei und äsen von den Feinfrosthalmen. Ich beobachte die Rehe durchs Fernglas bis mich Rudi am Ärmel zupft und flüstert: „Sie kommen"!
Dort oben, wo heute morgen der Fuchs in sein Verderben lief, treten vier dunkle Wildkörper auf die verschneite Wiese. Sie stehen eine Weile und sichern wieder. Dann ziehen sie im Gänsemarsch über den Hang gegenüber, schön im Bogen und erst einmal weg von unserem Sitz, um in den Wind zu gelangen.
Endlich lenkt das Leittier links ein; sie kommen uns spitz: Tier, Kalb, Schmaltier und am Ende ein Spießer. Ich entsichere erst einmal und lege die Bockbüchsflinte auf die verdorrten Zweige des Schirmes. Nun geht alles recht schnell. Rudi bedeutet mir, den Hirsch zu schießen, denn im Fernglas sehen wir, daß der Spießer nicht einmal lauscherhoch auf hat. Das Schmatzen der sechzehn Läufe im Uferschlamm verschluckt das feine Klicken des Stechers. Dann setze ich den Zielstachel in die Seite des Hirsches, und der Tod peitscht durch das Tal. Schneller stampfen die Läufe. Das Alttier führt seine kleine Familie wieder zurück in die schützende Dickung. Doch ich habe nur Augen für den Hirsch. Der springt mit allen Vieren, steigt auf die Hinterläufe, geht dann steifbeinig ein paar Gänge quer zum Hang, verharrt zwei Sekunden und fällt endlich dumpf auf die Erde. Ein Schlegeln noch, dann ist es zu Ende. Es wird still im Tal der Lohme. Der reglose Körper hebt sich gut ab, von der „Neuen", die dem Spießer zum Schicksal wurde.

Als Kreiser

Knietief lag der Schnee, er knirschte wie Kartoffelmehl. Die Fichten neigten ihre Kronen unter der naßkalten Last. Manche hatten ihren Widerstand schon aufgegeben, opferten den Wipfel, um ihren Stamm zu retten. In diesen Bruchnestern war kein Vorwärtskommen. Hier hatte sich Schwarzwild eingeschoben!

Ich versuchte, die Sauen auszulaufen; allein den frischen Fährten folgend. Der Schneebruch hatte es mir zunichte gemacht. Ich war zu langsam und zu laut gewesen. Die Sauen hatten nicht ausgehalten, bis ich nahe genug heran war.

Nun stellten wir es anders an. Eine Drückjagd wurde vorbereitet. Jäger umstellten die Dickung, die Treiber und ein paar Hunde machten die Sauen hoch. Nur muß vor einem solchen Unternehmen feststehen, in welcher Dickung die Sauen tatsächlich stecken. Sonst ist es langweilig für Schützen und Hunde und zum Verzweifeln für die Treiber, die sich durch Schnee und Bruch arbeiten müssen, denen der Schweiß über Brust und Rücken läuft. Das zu vermeiden, ist die Aufgabe der Kreiser. Kreiser umschlagen die Dickungen. Sie untersuchen die Fährten, klären die Frage: Welche führen hinein, welche heraus, welche sind frisch? Die Kreiser machen die Sauen fest.

Wegen des hohen Schnees und der großen Dickungen kreisten wir zu viert. Ich lief den Weg zur roten Kanzel, querte die Schneise hinter der kleinen Fütterung und fand nur ein paar Rehfährten. Unnatürlich still war der verschneite Wald. Bis zur Kreuzung vor dem Feld kam er mir wie ausgestorben vor.

Doch dort sah ich starke Fährten. Hier zogen Sauen. Der Schnee war gefurcht von ihren Bäuchen, aber in den Trittsiegeln lagen schon wieder Schneegrießel. Die Fährten waren vom Vortag.

Hinter einem Langholzstapel schimmerte es dunkel. Erdbraune Flecken – ein ganzes Nest. Das war das Werk der Sauen in der letzten

Nacht. Es mochten acht oder noch mehr gewesen sein. Genau war das nicht auszumachen. Vor mir lag die Aufgabe, herauszubekommen, woher die Sauen kamen und wohin sie zogen, nachdem sie die Erdschwarte aufgebrochen hatten. Hinaus auf die Wiese führten keine Fährten. Dort war der Schnee unberührt.

Aber weiter hinten war ein Wechsel. Im Gänsemarsch hatten die Schwarzen den Wald verlassen. Fünf Meter davon entfernt waren sie in derselben Formation zurückgewechselt. Aufmerksam verfolgte ich die Fährten. Sie umschlugen den Stapel, mieden einen zugefrorenen Bombentrichter und gingen ein Stück im Weg. Dann barg sie der junge Bestand. Daneben lagen noch Trittsiegel einer besseren Sorte. Sie hielten immer etwas Abstand, verliefen aber in gleicher Richtung. Die Keiler folgten den rauschigen Bachen der Rotte.

Nun kam das Schwerste. Ich mußte den Einstand der Rotte ausmachen und deshalb den gesamten Bestand umlaufen. Freilich gab es einige Wege, aber die waren teilweise zugebrochen. Ich war bemüht, möglichst wenig Lärm zu machen. Beim Überwinden der Hindernisse fiel mir der Schnee über die Stiefelränder. So war ich rechtschaffen froh, als ich an der roten Kanzel wieder auf den Fuhrweg stieß und bis dahin keine Fährten queren mußte. Also steckten die Sauen in der wohl zweihundert Meter breiten, aber doppelt so langen Dickung. Weil es schon zehn Uhr war und die Sauen zu dieser Zeit nicht mehr auf den Läufen sind, hatte ich sie bald fest.

Rudi, Karl-Heinz und Arno dampften auch bald heran. Ihr Weg war ebenso beschwerlich gewesen wie der meine, aber er hatte sich nicht gelohnt. Ein paar Rehfährten hatten sie gefunden, eine verschneite vom Hirsch, sonst nichts. Wir beschlossen die Jagd für den frühen Nachmittag.

Nach dem Essen trafen sich am Seerosenteich jene, die kurzfristig erreicht worden waren. Daß doch einige kamen, war ein Verdienst der Jagdleiter, denn nur wenige verfügen über ein eigenes Telefon. Mit erwartungsvollen Gesichtern standen wir beieinander. Die Hunde beschnupperten einander oder suchten zwischen den vielen Stiefeln nach dem Geruch ihres Herrn. Einige lösten sich und bekamen ihre Halsungen wieder angelegt. Wir nahmen die Zielfernrohre von den Gewehren, um sie in die Rucksäcke zu stecken. Der Jagdleiter belehrte: „Geschossen wird Schwarzwild ... Rehe sind zu schonen ... natürlich wird auf Füchse Dampf gemacht ... und: Nicht ins Treiben schießen! Wenn kein Wild rege wird, gehen die Treiber noch

einmal zurück … Weidmannsheil"! Dann ging es im Gänsemarsch zur Dickung. Beim Marsch wurde über die Vorderleute gewitzelt, sofern diese einen brauchbaren Anlaß dazu boten. Ich weiß noch, daß mein grüner Sommerhut zum Gegenstand lustigen Gespöttes wurde, ich aber damit parierte, daß diese Kopfbedeckung zur Anbringung von Schützenbrüchen am besten geeignet sei und deshalb wären wir ja hier. Andere monierten das unweidmännische Blauweiß an Helmuts Wärmestiefeln. Auch da redete wohl der Neid auf die vermutlich warmen Füße unseres Tierarztes das Wort.
Je näher wir an die ausgemachte Dickung kamen, um so ruhiger wurde unsere Reihe. Auf den Gesichtern lag Konzentration und Spannung. So liefen wir den Kreis aus und wohl alle achtzig Meter kam ein Schütze zum Stand.
Der Jagdleiter gab das Signal. Schon setzten sich die Treiber in Bewegung. Hier und da schlugen sie an die Bäume, bald klang auch das „Jiff-Jiff" der Hunde durch den verschneiten Wald. So vergingen keine zehn Minuten, da knallten die ersten Schüsse. Ich stand etwa hundert Meter von der Stelle entfernt, an der die Sauen eingewechselt waren. Die Schüsse, meiner Meinung nach waren es zwei Flintenlaufgeschosse und eine Kugel, fielen auf der gegenüberliegenden Seite. Damit war wohl die Sache klar. Die Sauen hatten den Weg zur Ilm eingeschlagen.
Plötzlich brach es hinter mir. Ich fuhr herum und nur wenige Schritte von mir entfernt wechselte eine einzelne Bache parallel zum Weg. Probeweise hob ich mein Gewehr. Ein paar Zweige waren zwischen uns, aber mit dem Flintenlaufgeschoß mußte es klappen. Die Sau verhoffte und äugte mich an. Es war ein unvergeßliches Bild, wie mir das urige Wild schneebestäubt und scheinbar überlegen gegenüber stand. Und es war auch eine verlockende Chance, den sicher tödlichen Schuß anzubringen. Aber: „Nicht ins Treiben schießen!" war zu Recht gefordert worden. Ich ließ den Finger gerade, hoffte wohl auch, daß die Bache in meiner Nähe den Bestand verlassen würde, aber mit einem Schnaufer trollte sie weiter, ihrer ursprünglichen Richtung treu bleibend.
Meinem linken Nachbarn machte ich ein Zeichen mit dem Arm. Der wurde aufmerksam, aber den Satz mit dem Schießen ins Treiben schien er nicht gehört zu haben, denn schon sprach seine Flinte. Das war leichtfertig, ich ärgerte mich. Schließlich hatte ich trotz bester Gelegenheit den berechtigten Sicherheitsforderungen Folge gelei-

stet und auf meinen Schuß verzichtet. Später war ich gerade darauf besonders stolz, und mein Verdruß wurde dadurch gedämpft, daß mein Nachbar vorbeischoß. Der Lauf der nun schneller werdenden Bache wurde erst an der Schmalseite durch den gerechten Schuß von Franz gestoppt.

Weiter hatte ich keinen Anblick. Ich zählte zwölf Schüsse, bis die Drückjagd abgeblasen wurde. Es entsprach durchaus den Erfahrungen mit anderen Drückjagden, daß acht davon Fehlschüsse waren. Aber die restlichen vier fanden ein Ziel. Außer der besagten Bache lagen zwei Frischlinge im dampfenden Schweiß. Auf der schmalen Schneise hatte Helmut die Dublette mit seinem Bockdrilling erzielt und der strahlende Tierarzt konnte zu Recht stolz auf seine schnelle Reaktion sein. Aber Schützenkönig des Tages wurde Arno mit einer wohl zwei Zentner schweren Bache, die zum Seerosenteich hin die Dickung verlassen hatte. Offensichtlich war die eingeschobene Rotte von den Hunden schulmäßig gesprengt worden, so daß die Sauen in den verschiedensten Richtungen den Trieb verließen. Jeder Jäger hatte zumindest Wild gesehen. Elf weitere Sauen, darunter ein starker Keiler, waren unversehrt davongekommen.

Das Treiben hatte sich gelohnt. Neben den erfolgreichen Schützen freute ich mich auch – als zuverlässiger Kreiser.

FÜNFUNDDREISSIGSTES KAPITEL

Drückjagd

Wenn der Vorweihnachtstag auf einen Sonntag fällt, dann meint es der Kalender gut mit der arbeitenden Bevölkerung. Durch geschicktes Vorarbeiten lassen sich ein paar freie Tage hintereinanderbringen, die man zum Beispiel für eine Drückjagd nutzen kann. 1979, in meinem ersten Jägerjahr, war das so.
Obwohl die milde Witterung und der geringe Schneefall keine idealen Bedingungen dafür boten, wollten wir mit einer Drückjagd dem bis dato noch recht mageren Abschußergebnis ein wenig auf die Beine helfen. Vielleicht hatte uns auch die Aussicht auf etwas Schützenanteil die Entscheidung erleichtert; wer will das heute noch genau sagen können.
Jedenfalls hatten wir einige Fährten bestätigt, die Jagd war angemeldet, auch Schützen und Treiber wußten Bescheid. Es war meine erste Drückjagd, an der ich als Schütze teilnahm. Um am Morgen eine ruhige Hand zu haben, ging ich gleich nach dem Abendessen ins Bett. Lange kreisten meine Gedanken noch um das bevorstehende Ereignis. Die in Frage kommenden Dickungen kannte ich gut. In Gedanken suchte ich mir schon günstige Anstände aus. Ich sollte die ‚Zwölfer Doppelflinte' führen. Werde ich zwei Flintenlaufgeschosse laden oder eine Schrotpatrone in den rechten Lauf stecken? Werde ich Anlauf haben, und wird die Zeit dazu ausreichen, das Wild richtig anzusprechen? Das und ähnliches ging mir durch den Kopf. Lange fand ich keinen Schlaf...
Gegen acht treffen wir uns an der Kranichsruh. Der Hofhund, vom zwischen uns liegenden Zaun ermutigt, schlägt an, und der Wirt gönnt unserer kleinen Schar einen neugierigen Blick. Rasch ist das erste Treiben organisiert. Der Jagdleiter stellt die Schützen am großen Schlag und entlang des Kammweges auf. Mein Standort liegt am Weg, oberhalb der geschlossenen Kanzel, von der aus ich im

September Tier und Kalb schoß. Die Treiber haben sich noch nicht in Bewegung gesetzt. Unruhig trete ich zwischen den verschneiten Fichten hin und her. Meine Nachbarn stehen jeweils achtzig bis hundert Meter von mir entfernt. Durch Hutschwenken haben wir noch einmal auf uns aufmerksam gemacht, gleichsam um Pardon heischend angesichts der direkt vor uns liegenden und nur drei Meter breiten Schußschneise. Die Waffe lade ich mit zwei Flintenlaufgeschossen. Da hupt der Jagdleiter, so weiß ich, jetzt setzen sich die Treiber in Bewegung.

Vorerst bleibt alles ruhig. Nur ein kühler Wind macht mir das Zielauge ständig voll Tränen, was für die vor uns stehende Mission von großem Nachteil zu sein scheint. Deshalb drehe ich mich herum und stehe nun mit Blick zum Treiben. Nach einigen Minuten ertappe ich mich dabei, wie ich zum wiederholten Male nervös über den Kolbenhals der Flinte fahre und den Sicherungshebel nach vorn drücken will. Dabei hatte ich schon scharf gemacht, als das Signal ertönte. Langsam nähern sich nun die Treiber. Deutlich ist ihr „Hoho“ und das Schlagen der Treiberstöcke zu hören.

Da sehe ich eine Bewegung im Altholz. Geschwind drückt Reineke sich durch den Unterwuchs. Geschickt nutzt er jede Deckung. Keine dreißig Gänge von mit entfernt wird er auf den Weg stoßen. Ich könnte versuchen, rasch umzuladen. Doch wenn dann Rotwild anwechselt? Ich lasse mich auf kein Experiment ein. In zwei eleganten Sprüngen setzt Reineke an der schmalsten Stelle über den Weg. Er hat das Treiben überstanden.

Da knackt es wieder. Diesmal sind es Rehe. Drei Stücke kann ich ausmachen. Sie bleiben im Holz und gehen wieder zurück. Inzwischen kommen die Treiber immer näher. Ich fingere schon wieder am Sicherungsknopf.

Plötzlich ertönt lautes Brechen, das rasch auf mich zukommt. Zwei dunkelbraune Körper schieben sich durch die verdorrten Zweige der Erdstämme: Rotwild. Beide Stücke tragen ein Geweih! Der vordere Hirsch hat lange, schwache Spieße, das weit ausladende Geweih des hinter ihm ziehenden Hirsches endet links und rechts in einer massigen, dunklen Krone. Keinesfalls ein Abschußhirsch, aber eine interessante Trophäe. Ich spekuliere: Mein linker Nachbar wird die beiden nicht in Anblick bekommen; er steht hinter dichten Randfichten. Aber rechts hat Rudi seinen Stand. Er muß die Hirsche bemerken. Doch wer will mir einen Vorwurf machen, wenn ich den

Kronenzwölfer beschieße, wo uns der Rotwildplan derartig drückt? Wer will mir das Gegenteil beweisen, wenn ich sage, daß der Spießer verdeckt stand?
Inzwischen sind die beiden Hirsche ziemlich nahe an meinen Stand herangekommen. Schon sichern sie in Richtung Kammweg. Langsam hebe ich die Waffe und ziele auf den massigen Körper des Kronenhirsches. Der Blick über die Visierschiene mit Rotwild hinter dem Perlkorn ist ungewohnt. Bisher habe ich Schalenwild immer mit der Zieloptik anvisiert. Aber die Entfernung ist ja so gering. Vom Hirsch trennen mich keine zehn Meter mehr. Überdeutlich sehe ich die dunklen Haarsträhnen seiner Mähne. Am Stich hängen kastaniengroße Eisperlen und der starke Ziemer ist vom abgestreiften Schnee weiß überpudert. Ich fühle den hinteren Abzug und drücke durch. Im Knall springt das kalte Laufpaar der Flinte nach oben, die Schaftkappe schlägt mir hart gegen die Schulter und – schweißgebadet fahre ich aus dem Schlaf.
Der Wecker verrät mir, daß es zwei Uhr nachts ist. Bis zur Drückjagd habe ich noch sechs Stunden Zeit.

Nachtrag:
In drei Treiben fiel bei unserer Drückjagd ein einziger Schuß. Karl-Heinz machte Dampf auf einen Fuchs – auch, nachdem er nachgeladen hatte – fehlte aber. Rotwild kam nicht vor. Gegen Mittag brachen wir ab.

SECHSUNDDREISSIGSTES KAPITEL

Langohrs Silvesternacht

Erschrocken hoppelte Langohr ein paar Schritte zurück, setzte sich auf die Hinterläufe, machte die Löffel spitz und äugte ins Tal. Bunte Sterne zischten am Himmel entlang, und immer, wenn einer der leuchtend roten, grünen oder gelben Feuergarben zerbarst, folgte ein lauter Knall nach, den Langohr mit einem hastigen Zucken seiner Barthaare quittierte. Bunte Lichtreflexe huschten über die Waldkante, sie warfen Langohrs Schatten in den farbig aufleuchtenden Schnee. Da wurde es ihm doch unheimlich. Weil die Knallerei kein Ende nehmen wollte, hoppelte er zu Holze. Am Waldrand machte er noch einmal einen Kegel, äugte zurück und schüttelte den Kopf. Danach rutschte er in seine Sasse unter dem morschen Fichtenstubben. Er scharrte sich zurecht und dusselte in das neue Jahr hinein.

Viel Gutes hatte ihm das vergangene nicht beschert. Der Winter war streng gewesen. Er brachte mehr Kälte als die vier, die Langohr davor erlebt hatte. So quälte ihn der Hunger, zudem war Langohr keineswegs ein stattlicher Freier, als er sich im Februar mit Frauke, der Häsin vom Lohmetal zusammentat und mit ihr eine Rammelzeit erlebte, daß die Wollfetzen nur so flogen. Aber die Häsin machte ihm keiner streitig, denn sie waren die einzigen ihrer Art in der ganzen Gegend. Etwas lebendiger wurde es erst, als Frauke nach sechs Wochen, sie war in dieser Zeit merklich runder und sehr schweigsam geworden, unterm Holunderstauch drei Junge gesetzt hatte, zwei Hasenbuben und ein Mädchen.

Freilich hatten weder Frauke noch Langohr sich viel um den Nachwuchs gekümmert. Schon nach gut drei Wochen versagte die Häsin den Jungen die Muttermilch, aber sein Herz hatte doch gelacht, wenn er den Dreien am Feldrand begegnete und wenn er sich vorstellte, was für eine lustige Sippe sie im Herbst sein würden; denn Frauke verdrehte schon wieder die Augen nach ihm.

K.-P. Reif

Dann passierte die Sache auf dem Feld. Stinkende Ungeheuer rollten lärmend darüber, begleitet von schwatzenden Zweibeinern. Als die Luft wieder rein war, lagen überall rosa Krümel von der Größe eines Getreidekorns. Langohr wußte nicht, daß dies das Gift für die Mäuse war, derer die Zweibeiner nicht mehr Herr wurden. Aber er ließ die Krümel unberührt und warnte Frauke davor, zu naschen, noch dazu in ihrem Zustand. Auch Frauke wußte nicht, daß die Mäuse an diesem Gift innerlich verbluten und es von den Zweibeinern so berechnet war, daß es den großen Nagern nichts anhaben sollte und alsbald vom Regen hinweggespült würde.
Sie fraß davon. Erst aus Neugier, später aus Gewohnheit und noch später wurde sie ganz schwach. Sie hoppelte müde unter den großen Rainfarn und schlief ein. Dort fand sie Langohr mit glasigen Sehern und kalten Läufen. Lange wollte er es nicht wahrhaben, daß Frauke ihn verlassen hatte.
Am Waldrand wartete schon eine neue Überraschung auf ihn. In der Abenddämmerung balgte sich das heranwachsende Geheck der Rotfüchse. Als sich Langohr hinter die Schafgarbe duckte, vernahm er leise Schritte am Feldrain. Dort stand ein Zweibeiner im grünen Frack, der einen Donnerstock über der Schulter hatte. Doch der machte gar keine Anstalten, damit dem gefährlichen Spuk ein Ende zu bereiten. Was nahm es Wunder, daß die Freibeuter im roten Rock erst einen, dann auch den zweiten seiner Nachkommen schlugen und dem stets hungrigen Geheck vor die Fänge warfen.
Die kleine Häsin geriet in die Fänge des Bussards. Sie rannte davon, als der große Vogel auf sie herabstieß. Aber die Zweibeiner hatten das Feld so groß gemacht, daß die Häsin keine Deckung fand.
Nun wurde es Herbst und Langohr war wieder allein auf seiner Höhe. Ihm taten die Füchse nichts zuleide, denn sie wußten um die Schärfe seiner Sinne und die Schnelligkeit seiner Läufe.
Bald fiel der erste Schnee. Und soviel Langohr durch die Felder spürte, er fand nur seine eigenen Tritte.
Eines Tages lagen frische Möhren und eine Kohlrübe am Waldrand. Langohr machte sich über diese Schicksalsgabe her ohne zu wissen, warum ihm der Leckerbissen dargeboten wurde. Der Jäger hatte die Möhren unweit des Hochsitzes abgelegt, um auf das seltene Wild bequem zum Schuß zu kommen.
Glücklicherweise schlug das Wetter bald um. Das Knacken des tauenden Gezweiges veranlaßte Langohr, vorübergehend weit drau-

ßen im Feld, hinter dem vergessenen Strohballen, Quartier zu nehmen. Der Jäger, der frierend auf seiner Leiter hockte und ihn dort einen Kegel machen sah, dachte für sich: „Ein kluger Hase. Der hat den Braten gerochen!" Und ging verstimmt nach Hause. Bis dorthin schoß seine Flinte nicht.

Freilich wurde auch früher schon Jagd gemacht auf Hasen, sogar Treibjagd. Aber da gab es auch noch mehr Hasen und die schnellsten und klügsten hatten ihre Chance. Langohr kannte diese Zeit nur noch vom Hörensagen.

Nun begann das neue Jahr. Noch immer stiegen im Tal bunte Silvesterraketen in den Himmel, ihre Brandsätze verloschen zischend im Schnee. Langohr gähnte in seiner Sasse. Dann legte er die Löffel auf den Rücken und schob sein Kinn wieder zwischen die Vorderläufe.

Was sollte er sich wünschen? Alles Unheil kam von den Zweibeinern, und die kann ein Hase nicht bessern.

SIEBENUNDDREISSIGSTES KAPITEL

Eissprossenzehner

Auf dem obersten Blatt des Abreißkalenders stand eine rote Zahl: Sonntag, der 6. Januar 1980 – ein Datum, das für mein Jungjägerleben große Bedeutung erlangen sollte.
Als ich mit Karl-Heinz zum Tragberg hinaufstieg, war es noch dunkel. Es lag kniehoher Pulverschnee, und das leise Kratzen unserer Schneeschuhe verschluckte der Winterwald. In zwei Stunden sollte unsere Drückjagd beginnen. Wir umliefen die wichtigsten Dickungen, um frische Fährten und sichere Einstände auszumachen. In der Luft hing kalter Nebel. Als wir den Kamm endlich erreicht hatten, war es im Hochwald noch so dunkel, daß wir die Trittsiegel mit unseren Taschenlampen ausleuchten mußten. Meist verriet aber schon die Schrittweite, ob Rotwild oder Sauen gewechselt waren. Durchs Lohmetal war Rotwild über den großen Schlag bis in die Dickungen entlang der Schobsewand gezogen. Der genaue Augenschein zeigte jedoch, daß lediglich eine Fährte aus der vergangenen Nacht stammen konnte; nur in ihren Eingriffen fanden sich keine Schneegrießel. Sicher war der Hirsch nicht durch den ganzen Grund bis hinüber zum Stechberg der Nachbarn gezogen und lag jetzt wiederkäuend in seinem Bett. Aber sollten wir wegen einer Fährte den ganzen Kammweg abstellen? Ein sehr zweifelhaftes Unternehmen.
Unter der dreieckigen, stoffbeschlagenen Kanzel hatten die Sauen ein paar verrottete Apfeltrester freigelegt. Das sah auch alles noch sehr frisch aus. Hier teilten wir uns den Weg. Mein Gefährte umfuhr den reifbehangenen Aufwuchs rechts. Nach wenigen Gleitschritten hatte ihn der weiße Wald verschluckt. Ich stand allein auf dem Höhenweg. Ein kalter Wind schob plötzlich die Nebel auseinander und gab den Blick frei bis hinunter ins Schobsetal. Ich freute mich an der freien Sicht. Mein Auge glitt über die scheinbar unberührte Weite, zu den schneebeladenen Altfichten auf dem Stechberg hinauf

zum Brandskopf und weiter bis zum Kienberg, vor dem ich das Timtal und den großen Schwemmteich der Flußspatgrube wußte. Ein dünnes Rauchfähnchen verriet mir den genauen Ort. Rasch wurde es nun heller. Ich beendete meine staunende Rundschau. Der Weg führte leicht bergab, und die schmalen Langlaufbretter trugen mich im sanften Gleiten bis zur Haldenwiese. Dabei querte ich noch ein paar Fährten, machte mir aber nicht die Mühe, extra abzubremsen und wieder anzuschieben.
Auf der Wiese über der Halde hatte Rotwild geäst. An vielen Stellen war das karge Herbstgras freigeschlagen. Dazwischen führte das Spinnennetz der Fährten. Ich umkreiste die Wiese. Da nur drei Fährten wegführten, konnten auch nur drei Stücke Wild dagewesen sein. Den Fährten folgte ich bis zur Dickung. Um das Wild nicht schon vorzeitig wieder hochzumachen, versicherte ich mich nur darüber, daß es nicht wenige Meter links oder rechts davon wieder ausgewechselt war. Diese Dickung würde sich gut für den Trieb eignen, denn hangab wird sie durch das Gelände der Flußspatgrube begrenzt. Bisher hatten wir diesem Hang nur wenig Beachtung geschenkt, weil wir es für unwahrscheinlich hielten, daß Wild über der immer belebten Grube im Wald liegen würde. Aber heute könnte sich der Einsatz der Treiber lohnen.
Ein Blick auf die Uhr beschleunigte meine Schritte. Mit kräftigen Doppelstockschüben schnellte ich mich über die Wegkreuzung. Nun führte mein Weg eine Hohle entlang, bis ich rechts im Tal die Waldgaststätte liegen sah.
Von dort kamen die Treiber und Schützen schon in einer dampfenden Reihe heraufgestapft. Ich zählte sechs Mann mit Gewehren, drei Treiber und drei Hunde. Bald waren ihre vom angestrengten Marsch geröteten Gesichter zu erkennen. Ich sah in erwartungsvoll blickende Augen. Den Hunden hingen kartoffelgroße Schneeklumpen an den Pfoten. Dafür fehlten ihnen die roten Wange, aber erwartungsvoll blickten sie auch. Alf, der robuste Drahthaar, genauso wie Bautz und Robby, die beiden Teckel.
Nach der Begrüßung unterhielten wir uns so leise miteinander, als wäre alles Wild schon in unserer unmittelbaren Nähe. Bald stieß auch Karl-Heinz zu uns. Der Jagdleiter hörte sich unsere Beobachtungen an und fällte dann seine Entscheidung. Bevor es die Urlauber aus den Federn trieb, wollten wir die Fichtendickung zwischen Waldgaststätte und Molstock drücken. Hier waren Tier und Kalb eingewechselt.

Danach sollte der Hang hinter der Haldenwiese unsere Aufmerksamkeit fesseln. Schon beim Umstellen des ersten Triebes stellten wir fest, daß Tier und Kalb noch auf den Läufen waren und die schützenden Jungfichten auf der anderen Seite wieder verlassen hatten. Deshalb wurde abgehupt. Auf zur Haldenwiese!
Für den großen Komplex erwies sich unsere kleine Mannschaft als zu schwach. Vor allem würden drei Treiber nicht ausreichen, um das Wild sicher hochzumachen. Ich schlug vor, den Trieb durch nochmaliges Abfährten zu verkleinern. Der Ausdruck überlegenden Zauderns auf den Gesichtern meiner Weidgenossen verwandelte sich in ein zustimmendes Nicken, als ich die Ausführung dieser zusätzlichen Winterwanderung selbst übernahm.
Also umlief ich die Dickung oberhalb der Grube bis zur Hälfte und stieg dann wieder bergan. Würde ich hier die Fährten queren, so befand sich das Wild im linken Abschnitt, wenn nicht, dann konnte der Trieb auf die rechte Abteilung beschränkt werden. Um es vorwegzunehmen, ich kreuzte die Fährten. Aber so einfach meine Strategie war, so schwierig gestaltete sich ihre Verwirklichung. Die Kameraden hatten von einem alten Weg gesprochen, der die Dickung halbieren sollte und mir deshalb für meine Zwecke von Nutzen sein würde. Ich fand diesen Weg nicht. Was mir als Schneise schien, war an irgendeiner Stelle zugewachsen und meterhohe Schneewehen verbargen das Bodenprofil. An einer, mir geeignet erscheinenden Stelle begann ich endlich meinen Aufstieg. Schon nach wenigen Metern mußte ich die Skier von den Schuhen schnallen. Bald wurde das Gestrüpp so dicht und der Hang so steil, daß ich mehr auf Händen und Knien vorankroch, als daß ich stieg. Nun rächte es sich auch, daß ich Rucksack und Gewehr nicht oben abgelegt hatte. Die dickverschneiten Jungfichten standen eng beieinander. Jedesmal, wenn ich die Zweige streifte, fiel mir eine reichliche Ladung Schnee ins Genick. Auf meinem erhitzten Nacken taute er sogleich und lief dann in kleinen Rinnsalen den Rücken hinunter. Dabei mußte ich auf das Gewehr mehr achtgeben, als auf mich selbst. Ich war froh, daß ich mich in diesem Zustand niemand sehen konnte. Auf halber Höhe endlich lichtete sich der Bestand. Hier führten auch die drei Fährten nach links. Bald hatte ich den Kamm erreicht. Schwitzend und dampfend, meine Schneeschuhe und die Stöcke hinter mir herschleifend, lief ich durch den Hochwald. Dieser Weg im Tiefschnee war nichts im Vergleich zu der durchstandenen Pein. An der Wege-

kreuzung warteten meine frierenden Kameraden auf mich. Rudi legte nun die Schützenstände fest und wies die Treiber ein. Wenn wir alle Chancen nutzten wollten, mußte auch das Timtal mit abgestellt werden. Doch der Weg dorthin führte wieder durch verwehte Wege um den gesamten Komplex herum. Deshalb fiel der Blick der Jäger auf unsere Schneeschuhe. Ein aufmunterndes Wort. Wir laufen.
Karl-Heinz machte Spur. An der kurzen Abfahrt in einen Hohlweg wartete ich vorsichtshalber, bis er hinter einer Biegung verschwunden war. Mit zwei Stockschüben war ich hinterdrein, fegte in die Kurve und kugelte in den Tiefschnee. Meinem immer noch glühenden Gesicht tat der Schnee gut, dem Hinterkopf versetzte das Laufpaar der nachrutschenden Büchsflinte einen schmerzhaften Schlag. Von hier aus ging es steil hinunter. Ich steckte deshalb meine Skier in eine Schneewehe und stieg Karl-Heinz auf den eigenen Sohlen hinterdrein. Da lagen noch ein paar verschneite Fährten. Hier war auch im Sommer der Wechsel. Mein Begleiter machte deshalb halt und suchte sich einen geeigneten Anstand. Wir einigten uns über die Schußsektoren. Ich wünschte „Weidmannsheil" und ging dann noch weiter nach unten. Eingedenk unserer in aller Regel glücklosen Drückjagden scherzte ich über die Schulter: „Falls ich noch Patronen brauche, komme ich wieder hoch"! Nach hundert Metern erreichte das Tal seine größte Breite. Hier stellte ich mich zwischen die Fichten, die den Wegrand säumten.
Erst als ich so ruhig stand, empfand ich die Nässe meiner klammen Kleidung. Nun taute auch der Schnee an meinen Stutzen sowie in den Taschen der Jacke. Dadurch wurde mir kälter und kälter. Um etwas Bewegung zu haben, trat ich mit kleinen, schnellen Schritten den Schnee um meinen Stand fest, etwa so groß wie der Kessel eines Fuchsbaues.
Als das Treiben angehupt wurde, nahm ich den Mündungsschoner von den Läufen und steckte eine Hubertus Treffer und ein acht Millimeter Scharfrandgeschoß vor die gespannten Schlagbolzen. Ein paar Probeanschläge machten mir wieder klar, daß das Visier dieser Büchsflinte viel zu klein ist für den schnellen Schuß. Das Korn findet in der schmalen Kimme kaum Platz. Ich öffnete deshalb meinen Rucksack, nahm das Zielfernrohr heraus und steckte es auf die Schiene. Das ist auf Drückjagden wegen der oft notwendigen Schüsse auf flüchtiges Wild nicht üblich, aber das Tal vor mir war ja recht breit, und durch das sportliche Schießen auf die laufende Scheibe bin

ich an den schnellen Anschlag mit der Optik gewöhnt. Jetzt hörte ich auch den Lärm der Treiber. Einige Male hallte der Laut der Hunde zu mir herüber. Ihren Weg durch die Dickung konnte ich mir ja nur zu gut vorstellen. Für die Teckel gab es da kaum ein Fortkommen. Das bleibt der Nachteil dieser kleinen, klugen und passionierten Weidgesellen.

Ich trippelte wieder auf der Stelle. Es mochten fünf Minuten vergangen sein, als sich gegenüber am Waldrand ein Reh zeigte, das mir mit langen Sprüngen entgegenfloh. Dann entdeckte ich Herbert, der dort trieb. Bald war die weiße Fläche wieder frei, die Jagd nahm ihren Fortgang. Wieder näherte sich das Geläut der Hunde. Aufmerksam lauschte ich diesem schönsten Ton jeder Drückjagd. Dann hörte ich lautes Knacken. Bald erschienen vier starke Läufe und ein massiger Körper zwischen den Erdstämmen – Rotwild. Träger und Haupt wurden noch von den verschneiten Zweigen verdeckt. Rasch hob ich mein Gewehr, drückte den Sicherungshebel nach vorn und wartete. Die frostklammen Finger umspannten das Laufpaar, mein Blick hing wie gebannt an den vier Läufen. Gehörten sie Hirsch oder Tier? Endlich kam Bewegung in die Zweige. Im leichten Trab zog das Wild auf die tiefverschneite Wiese. Es war ein Hirsch. Noch konnte ich nicht genau erkennen, was er aufhatte. Das Geweih war gedrungen und endete in zwei Gabeln – wahrscheinlich ein Achter. Der Hirsch trollte ein paar Gänge den Waldrand entlang und schickte sich dann an, fünfzig Meter unter mir die Wiese zu queren. Jetzt setzte ich das Gewehr ein und hielt den Zielstachel vor den Stich. Zehn, zwölf Gänge ließ ich den Hirsch noch gehen, dann drückte ich den Abzug. Es schien, als wollte der Hirsch über ein unsichtbares Hindernis hinwegsetzen. Der gewaltige Rumpf hob sich in die Luft und setzte vorn wieder auf. Beim Aufsprung knickte der Hirsch mit seinen Vorderläufen ein und stürzte. Der massige Körper mit der krausen Mähne rollte in den Schnee. Als der Hirsch das Haupt wieder hob, schoß ich noch mit dem glatten Lauf. Inzwischen war der Drahthaar heran und verbiß sich in der Mähne des Gestreckten. Der Hirsch hob ein letztes Mal das Haupt, um sein Geweih als Waffe gegen den Hund einzusetzen. Aber der tiefe Schnee hemmte seine Bewegungen und dem Todwunden fehlte die Kraft, sich noch einmal zu erheben. In mir wechselten unbändige Freude über mein Jagdglück und fassungslose Betroffenheit miteinander ab, als ich auf den Todeskampf meines ersten Hirsches schaute.

Meinen Stand verließ ich erst, als die Jagd vorbei war. Gegenüber traten die Treiber aus der Dickung. Und sicher setzten sich auch die Schützen zum Timtal hin in Bewegung, denn es waren keine weiteren Schüsse gefallen. Ich nahm meine Pelzmütze in die Faust und ging langsam zu dem gestreckten Wild. Der Schnee um den toten Hirsch war schweißgetränkt. Erst jetzt konnte ich die Trophäe näher betrachten. Das gedrungene, nicht kapitale, aber sehr gleichmäßige Geweih gehörte einem Eissprossenzehner. Die Eissprossen waren zwar gerade so lang, daß sie noch als Enden zählten, aber dieser Hirsch war ein Zehner, und es war mein erster, den ich mir nach vielem Schweißvergießen erjagt hatte. Wieder und wieder fuhr ich mit der Hand über die gut geperlten, dunklen Stangen. Ich wollte es nicht fassen, daß nur ein Stück Wild aus dem Trieb ausgewechselt war und noch dazu meinen Stand angelaufen hatte.
Erst später berichtete Karl-Heinz verschämt, daß er auf meinen ersten Schuß hin seinen Platz aus Neugier verlassen hatte und zu mir heruntergelaufen war. Als er zurückkehrte, um seine Schneeschuhe zu holen, führten zwei frische Fährten genau da vorüber, wo er gestanden hatte. So lagen Weidmannsheil und Weidmannspech zweier Jungjäger dicht beieinander.
Gemeinsam versorgten wir den Hirsch. Voll Freude und innerer Bewegung empfing ich den Schützenbruch. Ich schulterte das abgeschärfte Haupt mit der für mich so kostbaren Trophäe. Der Hang war noch genauso steil, der Schnee noch ebenso tief wie heute morgen, aber jetzt spürte ich meine Last nicht.

ACHTUNDDREISSIGSTES KAPITEL

Winterfütterung

Ich muß die Bambusstöcke kräftig einsetzen, um bergauf Halt zu finden. Offensichtlich habe ich nicht das richtige Wachs auf die Plastesohlen meiner Schneeschuhe gerieben. Denn ich erlebe hervorragende Gleitwirkungen, wenn meine Füße entgegen meinem Wunsch zurück ins Tal wollen sowie miserable Steigwirkungen, was mein Vorankommen anbetrifft. Das widerspricht genau dem Inhalt der Werbeschrift, die meinem Skiwachs beigelegt war. Trotzdem muß ich weiter, denn es ist Mittag und die Tage sind kurz im Januar. Wenn ich erst den Molstock erreicht habe, wird der Anstieg flacher.
Im Thüringer Wald hat der Winter schon vor Wochen seinen Einzug gehalten, aber seine ganze Macht entfaltet er erst im Januar. Dem einen bedeutet seine Herrschaft nur die Abwicklung der vierten Jahreszeit, dem anderen bietet er Sport und Freude, ein Dritter schlüpft in die Skischuhe und läuft in den Wald. Und wieder ein anderer kriecht hinter den Ofen und schürt ihn. Der Jäger aber schaut auf den Schnee und lauscht den Geschichten, die der ihm von der letzten Nacht erzählt, und von denen er jeden Tag eine neue weiß.
Auch die Tiere stellen sich auf den Winter ein; jedes Jahr aufs neue und jedes auf seine Art. Ganz gleich, ob sie über Baue, Höhlen, Kobel und Kessel oder nur über Nester, Betten und Sassen verfügen, ob wir sie für schädlich oder nützlich halten, je mehr Schnee fällt und je lauter der Frost knackt, um so schwerer wird ihnen der Kampf ums Dasein. Während dem hochläufigen Rotwild der Winter noch am leichtesten fällt und auch die groben Sauen an der Kälte nicht viel Anstoß nehmen, hat es das Rehwild besonders schwer, um sich zu behaupten. Solange wenig Schnee liegt, gelingt es ihm noch, die alten Gräser und das Heidelbeerkraut freizuschlagen, um zur Äsung zu gelangen. Wenn die weiße Pracht aber einen Meter hoch wird, ist es aus damit. Noch schlimmer wird es, wenn kristallscharfer Harsch

entsteht und die immer wieder einbrechenden Läufe wundscheuert. Dann ist Reineke erfolgreich auf der Schweißfährte. Um die Energie für die erschwerte Bewegung aufzubringen und bei großer Kälte die Lebensfunktionen überhaupt aufrecht zu erhalten, benötigt unser Wild energiereiche Nahrung. Der Spruch von der natürlichen Auslese des Winters, der gilt nur dort, wo auch die Verhältnisse noch natürlich sind. Das ist in unseren Biotopen schon seit der Anpflanzung reiner Nadelholzbestände im vorigen Jahrhundert nicht mehr der Fall. Wir widmen deshalb der Winterfütterung große Aufmerksamkeit und viel Arbeit. Nicht ohne Eigennutz, denn letztlich geht ja jedes Stück Fallwild auch der Jagd verloren.
Diese Gedanken gehen mir durch den Kopf, während ich mich im Tiefschnee voranarbeite.
Da hoppelt fünfzig Meter vor mir ein Hase über die weiße Fläche. Er hat das Kratzen meiner Schneeschuhe vernommen und gibt sogleich Fersengeld. Ihn trägt der Schnee. Am Waldrand biegt Mümmelmann rechts ab, macht einen Kegel und verschwindet dann unter schneebehangenen Fichten.
Soviel ich auch Ausschau halte, frische Fährten konnte ich noch nicht ausmachen. Doch dort vorn scheinen große Eingriffe zu sein. Der Schrittweite nach ist dort Rotwild gewechselt. Als ich heran bin, erkenne ich die dünne Schicht neuen Schnees in den Tritten, also auch eine alte Fährte.
Weiter oben war mehr Betrieb. Am Hohlweg, an der windgeschützten Seite, haben Rehe in dieser Nacht das Kräuterich freigeschlagen und geäst. Hier standen sie gedeckt und waren vor dem eisigen Wind geschützt. Doch bald wird die Hohle zugeweht sein. Dann gilt dieser Vorzug nicht mehr.
Es geht ein langes Stück fast eben dahin. Vor mir liegt nun die Fütterung über der „Sachsenpfütze". Die blasse Wintersonne steht über dem zerklüfteten Windwurf und die aufrecht stehenden Wurzelscheiben der umgeworfenen Fichten werfen bizarre Schatten in den Schnee. Dazwischen ist ein Pfad getreten. Hier riecht es brenzlig. Im Windschatten haben die Holzmacher ihr Aufwärmefeuer angelegt. Bei dieser Kälte ist das eine notwendige Sache, und das Wild hat sich vom Brandgeruch offensichtlich nicht beeindrucken lassen.
An der Fütterung finde ich eine Vielzahl alter und neuer Fährten. Der Hafer ist alle, und unter dem Trog liegen nur noch ein paar angebissene Kastanien. Doch das Heu scheint kaum berührt zu sein. Um ein

besseres Bild zu bekommen, umkreise ich die Fütterung im Abstand eines Steinwurfes. Nach meiner Schätzung führen zehn bis fünfzehn Fährten in diesen Kreis und natürlich auch wieder heraus. Ich ziehe frisches Heu aus dem Speicher, werfe es in den Trog und schütte darüber die Körner aus dem Getreidefaß. So will ich unser Rauhfutter schmackhaft machen. Ein Büschel des duftenden Bergheues kommt noch unter die Krippe, damit sich die Hasen nicht so strecken müssen. Dann geht es weiter.
Fast lautlos gleiten meine Skier über den festgewehten Schnee. Bald liegt die Wiese oberhalb der Haldevor mir. Als ich auf die freie Fläche trete, muß ich die Augenlider zusammenkneifen, so grell umfängt mich das von abertausenden Schneekristallen reflektierte Sonnenlicht. Ich genieße einen Moment den Anblick der dicken Schneehauben auf den Randfichten, das feine Mosaik kahler Holunderäste und die unwirtliche Stille.
Dann folge ich dem Kammweg. Eine weitere Fütterung liegt dort oben. Ich brauche nur den Weg zu verfolgen. Nach einem Kilometer erreiche ich das kleine Holzhaus. Im Windschatten ist die massive Raufe mit den beiden Futtertrögen angebracht. Dreißig Meter weiter steht noch eine Krippe im Kälberstall für das schwache Wild. Auch hier sind die Tröge leer, so daß ich auch Heu aufstecken muß. Das Fährtenbild verrät, daß hier drei Stücke Kahlwild verkehren. Trotz der gut beschickten Fütterung weisen einige Fichten frische Schälwunden auf. Offenbar benötigt das Wild diese Nahrung, und unser reichhaltiges Futterangebot kann dieses Bedürfnis nicht unterdrükken. Ich überlege, ob ich Proßholz schlagen soll. Aber dazu sind diese Bäume schon viel zu stark. Offenbar müssen wir uns hier so oder so mit dem Förster anlegen.
Nun geht es wieder bergab. Die Futterstellen im Lohmetal erreiche ich fast ohne Stockeinsatz. Ich brauche nur meiner verschneiten Spur zu folgen. Hoppla, da liegt der umgebrochene Baum, den ich jedesmal unterschätze. In der Hocke fege ich über den vereisten Stamm. Dann muß ich einen Stemmbogen nach rechts machen und schon stehe ich vor dem Futterhaus.
Das Vorhängeschloß ist nicht eingefroren, aber die Tür klemmt wie immer. Dahinter umfängt mich das Halbdunkel des kleinen Heubodens. Die Kälte will nicht recht zum Geruch des Heues passen. Gleich rechts neben der Tür steht das Haferfaß. Das Getreidefaß enthält eine Überraschung. Von oben sehe ich nicht, wie erwartet, die

gelben Körner, sondern graue, braune und ein paar mit einem schwarzen Streifen versehene Mäuserücken. Offenbar sind sie über das Heu an den undichten Deckel gelangt, hinabgefallen und haben sich so in der Speisekammer selbst gefangen.
Ich rolle das Faß vor die Tür und von der ungewohnten Bewegung sowie der Grelle des Tageslichtes erschreckt, quirlen die Mäuse aufgeregt durch- und übereinander. In ihrer Mitte liegen die Reste eines ihrer Artgenossen, den sie wohl skelettiert haben. Offenbar macht Überfluß allein auch nicht glücklich. Kurzentschlossen kippe ich das Faß auf die Seite. Die Mäuse beschreiten die neue Waagerechte und landen, sicher erstaunt, im kalten Schnee. In großen Sprüngen setzen ihrer zwölf in alle Richtungen und versuchen, sich schleunigst zu verklüften. Daß es ein schwerer Anfang wird, kann ich ihnen nachfühlen.
Hinter der Hütte ist eine Halbraufe angenagelt, an der sich nur Rehe bedient haben. Es liegt noch allerlei Hafer im Trog. Da genügt es, wenn ich zwei Becher nachfülle. Nachdem ich das Häuschen wieder verschlossen habe, geht es im Grätschschritt den „Gotteskopfberg" hinauf. Dabei tritt mir der Schweiß auf die Stirn, weit schiebe ich die Fellmütze ins Genick.
Bisher bin ich jedesmal an dem kleinen Schlag über der Schobsewand vorbeigelaufen. Heute will ich jedoch einen Blick auf die Fläche werfen. Vielleicht ist wieder Rotwild vom Stechberg durch das Schobsetal in unser Revier herübergewechselt. Langsam und ohne die Stöcke in den Schnee zu schlagen, gleite ich aus dem Schatten der Altfichten. Vor mir sehe ich dunkle Erdwülste, die die ganze Fläche bedecken. Hier müssen letzte Nacht die Sauen tüchtig gebrochen haben. Das fällt ihnen leicht, denn im Dezember fiel der Neuschnee auf ungefrorenen Waldboden. Der blieb unter der schützenden Schneedecke weich wie im Sommer und bietet dem Gebrech der Schwarzkittel keinen großen Widerstand. Und weil das ein Sommerhang ist, werden wohl reichlich Larven und Kerbtiere im Erdreich zu finden sein.
Wenige Meter hinter der Waldkante komme ich zum Halten. Da war doch eine Bewegung. Rechts von mir, keine fünfzig Meter entfernt, verharrt eine Ricke und sichert in meine Richtung. Reglos bleibe ich stehen. Da wir uns offenbar beide nichts Böses zutrauen, dauert die wohlwollende Begutachtung eine ganze Weile. Endlich wendet die Ricke über den linken Hinterlauf und zieht langsam ins Altholz.

Mein Blick schweift wieder über das Werk der Sauen. Hier muß sich eine beachtliche Rotte umgetan haben. Aber ein Ansitz hier oben ist wenig verlockend: Die Entfernung zum nächsten Fahrweg, die Kälte, der rauhe Wind und zum letzten die Unsicherheit darüber, ob die Sauen überhaupt wiederkommen und wann...
Ich werfe noch einen Blick hinüber zum Stechberg, dann wende ich und gehe in meiner Spur zurück. Der Weg zur Waldgaststätte „Friedenshöhe" ist ausgetreten. Schnell und unkontrolliert gleiten die Bretter unter mir dahin. Um nicht hilflos an meiner letzten Fütterung vorüber zu rasen, setze ich energisch die Stockbremse ein. Das ist nicht sehr elegant, dafür wirkungsvoll und beobachten wird mich wohl keiner.
Schon von weitem sehe ich, daß an der Fütterung viel mehr Betrieb war als das letzte Mal. Doch was ist mit dem Zaun, der die Rehwildfütterung umsäumt? An mehreren Stellen sind die Latten aus dem Kälberstall herausgebrochen. Auch das Haferfaß liegt nicht mehr am alten Fleck, der Trog ist von der Raufe gerissen. Im Bruchholz haben die Sauen gekesselt. Ein Trittsiegel sehe ich, so groß wie die Fläche meiner Hand. Besorgt bücke ich mich und schaue unter das Heuhaus. Doch da ist natürlich nichts und niemand mehr. Mühsam versuche ich, die Schäden zu beseitigen. Hammer und Nägel habe ich nicht dabei, aber im Rucksack ist immer genügend Strick. Provisorisch binde ich die Latten wieder zusammen und richte den Trog. Der Hafer ist allerdings unwiederbringlich dahin. Geschmeckt hat er den Sauen sicherlich, denn der Blechbehälter trägt an den Kanten noch die Spuren ihrer Gewehre und Haderer. Sie haben ihn umgekippt und solange in der Umzäunung hin und her gerollt, bis er sein letztes Haferkorn hergegeben hat. Dann ließen sie ihren Unmut über die versiegte Quelle an der leeren Hülle aus. Es bereitet allerhand Mühe, einen vollen Getreidesack durch den Schnee hier heraufzuschleppen. Mit diesem Streich haben sich die Sauen wieder einmal meine Gunst verscherzt. Ich stecke noch frisches Heu auf und suche meine Ausrüstung zusammen.
Inzwischen schleicht die Dämmerung zwischen die Stämme der Fichten, so muß ich mich sputen, um noch vor Einbruch der Nacht aus dem Wald zu kommen. Die Abfahrt wird gefährlich, wenn das diffuse Licht des Abends die Buckel und Senken des Weges verschleiert. Außerdem bin ich auch nicht mehr ganz frisch nach meiner langen Runde, die winters zweimal in der Woche auf meinem Programm steht.

NEUNUNDDREISSIGSTES KAPITEL

Die Ricke vom Hexenstein

Der schwere Schneepflug kratzte an meiner Haustür vorbei. Knirschend drückt sein stählernes Schiebeschild den frischen Schnee beiseite und legt breite Streifen schmutzigen Asphaltes frei.
Ich trinke noch einen Schluck heißen Tee, dann ziehe ich die Wattejacke über, lange das Gewehr aus dem Schrank und schultere die Schneeschuhe. Ich stapfe dem Schneepflug hinterdrein bis zum Knieberg, dort biegt er links ab, ich aber halte mich bergan, dem Walde zu.
Hier beginnt der fast vergessene Weg, den schon in alter Zeit die Hirten nahmen, die „Lange Viehtreibe". Zwischen den dicken Ahornbäumen, die den Herbst so bunt machten, ziehe ich meine Spur. Jetzt sind die Wipfel kahl und bieten nur den schwarzen Rabenkrähen eine Herberge. Ich habe Schrotpatronen mitgenommen, um den arroganten Schreihälsen Dampf unter die Fittiche zu machen. Aber so aufmerksam ich auch unter meiner Mütze hervorschiele, als könne schon das Heben meines Kopfes die schwarzen Gesellen vertreiben, heute zeigt sich keiner der Galgenvögel. Dafür ist im Weißdornbusch, dort wo der Neuntöter seine Beute in die Zweige steckte, eine Bewegung. Durchs Fernglas sehe ich das schwarze Eichhörnchen. Es hat seinen Kobel verlassen und sucht emsig nach den im Herbst versteckten Leckerbissen. Rasch bin ich heran. Obwohl ich mit dem Skistock hinlangen könnte, bleibt der kleine Nager in den Zweigen sitzen. Die schwarzen Haarbüschel an den Gehören verleihen ihm ein verschmitztes Aussehen.
Vor mir liegen die ersten Fährten. Sie biegen ab zum Waldrand. In der Frühe ist hier Rehwild eingewechselt. Da ratscht auch ein Eichelhäher. Ich werde angekündigt.
Im Hochwald herrscht wieder einsame Stille. Unter einer alten Fichte liegen hellgelbe Holzspäne, so groß wie ein Fingernagel, und

zu den Löchern hoch oben im Stamm ist ein neues hinzugekommen. Hier hat der Schwarzspecht gefrühstückt.
Hundert Meter weiter quere ich eine Fuchsspur. Reineke gilt schon lange mein Interesse, doch heute will ich weiter.
Der Anstieg macht mich nun ordentlich warm in meiner Wattejacke.
Obwohl ich nicht verweile, zeigt die Uhr schon Zehn, als ich endlich am Hexenstein bin. Auch hier finde ich nur frische Fährten vom Rehwild und ein paar freigeschlagene Heidelbeersträucher. Da springt sogar ein Reh ab, fünfzig Gänge vor mir. Dort wurde während unserer letzten Drückjagd ein Rothirsch vor mir hoch. Er hatte ein schwaches Geweih und war jagdbar, doch ich lief mit den Treibern und hatte kein Gewehr. Vielleicht soll ich das Spiel wiederholen und eine Ein-Mann-Drückjagd durchführen, als Treiber und Schütze zugleich? Der Blick auf die tiefverschneiten und rauhfrostbehangenen Jungfichten läßt mich von meinem zweifelhaften Unternehmen wieder abrücken.
Weiter vorn finde ich die frischen Fährten der Sauen. Die Trittsiegel sind frei von Schneegrießeln und stammen sicher aus der zweiten Nachthälfte. Ihre Richtung entspricht meinen letzten Beobachtungen. Da zogen sie ebenfalls über den schmalen Schlag an der Schobsewand. Als ich auf die freie Fläche trete, sehe ich die Bescherung. Überall haben die Schwarzen hier gebrochen. Im Schnee wirken die erdbraunen Löcher noch viel tiefer. Wie ein Schlachtfeld, so sieht die kleine Schonung aus. Rechts vor der Dickung, wo vorgestern die Ricke stand, ist es am schlimmsten. Doch halt, da steht doch wieder etwas! Einem Baumstumpf ähnelnd, äst das Reh in einem der frisch gebrochenen Trichter und zeigt mir seinen Spiegel. Ich habe Muße, die tagaktive Rehgeiß durch das Fernglas zu betrachten. Mit der Optik sehe ich, daß sie von den freigelegten Kräutern nimmt. Dabei hält sie den Äser seltsam schräg und wie der Kopf mit den gerupften Halmen nach oben fährt, da erscheint mir der Unterkiefer auffallend kurz.
Aufmerksam beobachte ich nun das Gebaren der Ricke. Sie äst anders als ich das kenne. Bald erscheint mir ihr Verhalten in einem anderen Licht. Die Vertrautheit der Ricke beruht auf etwas Krankhaftem. Hier gilt die Regel nicht, daß krankes Wild am heimlichsten ist. Langsam setze ich das Glas ab und nehme die Büchsflinte vom Rücken. Die Ricke äst weiter. Vorsichtig drücke ich den Sicherungs-

hebel nach vorn und spanne den Stecher. Ich stehe völlig frei und kann nicht anlegen. Aber auf sechzig, siebzig Meter wird es schon gehen. Ich atme tief durch und warte darauf, daß sich die Ricke quer stellt. Den Gefallen tut sie mir allerdings nicht so schnell. Ich lasse den Arm wieder sinken. Als sie sich endlich nach links wendet, schieße ich ihr schräg von hinten aufs Blatt. Die Geiß zeichnet, beschreibt einen Kreisbogen, den sie in tiefen Fluchten durchmißt und fällt wenige Meter hinter dem Anschuß vor eine Jungfichte. Als ich endlich die Skier von den Schuhen gestoßen und mich durch den Schnee herangearbeitet habe, ist das Reh bereits verendet. Dampfend rinnt der rote Schweiß aus dem vom Ausschuß zerfetzten Stich und färbt den Schnee unter dem leblosen Körper.

Nun kann ich mir die schwache Ricke näher betrachten. Sie ist nicht mehr jung, ziemlich abgekommen und von ihrem Unterkiefer fehlt tatsächlich der vordere Teil einschließlich aller Schneidezähne. Der vernarbte Rumpf scheint durch eine Verletzung entstanden zu sein. Seine haarlose Wundhaut ist entzündet. Ich beschließe, die Knochen zu Hause herauszupräparieren. Vielleicht verraten sie mir mehr über das Schicksal der Ricke. Den warmen und noch geschmeidigen Wildkörper ziehe ich an einen Fichtenstock und beginne mit dem Aufbrechen. In meinen kalten Händen fühlt sich das Gescheide regelrecht heiß an. Ich werfe es in einen der Trichter. Es mag den Sauen als Fraß dienen, wenn Reineke nicht schneller ist, weil ihm die warme Witterung in die Nase sticht. Vielleicht sind auch die zankenden Krähen zuerst hier und streiten um das Gedärm.

Die Ricke packe ich in den Schweißbeutel, bevor ihr Körper steif wird. Nun habe ich den schweren Rucksack auf dem Rücken, das lange Gewehr um den Hals und die glatten Schneeschuhe an den Beinen. Heute wird mir die Abfahrt beschwerlicher als der Aufstieg.

VIERZIGSTES KAPITEL

Jagd auf Reineke

„Der Fuchs wird älter, aber nicht besser“, so spricht der Volksmund; zumindest wird er mit jedem Tag vorsichtiger und gewitzter. Beim Pirschgang im Juni traf ich die kleinen Räuber am Feldrain vor der Friedenshöhe. Das ganze Geheck, bestehend aus drei katzengroßen, hellroten und noch tollpatschigen Jungfüchsen, hielt hier allabendlich seine körperertüchtigenden Übungen ab. In der Dämmerung war es leicht, bis auf wenige Meter an die Kinderstube heranzutreten. Selbst wenn einer der Pfiffikusse das Kratzen der Stiefel bemerkte und absprang; nach wenigen Sekunden reglosen Verharrens meinerseits war er wieder bei seinen Geschwistern. Und dann ging es wieder kopfüber, kopfunter über den Fichtenstubben, durch den Holunderbusch und ins Gerstenfeld. Immer im Wechsel: Fängst du mich, so fange ich dich.

Sicher war es in Anbetracht der Tollwutsituation und auch wegen unseres kärglichen Niederwildbestandes nicht gerechtfertigt, immer wieder Gnade vor Recht ergehen zu lassen. Aber den Weidmann will ich sehen, der hier Dampf gemacht und den Bleihagel in die Kinderstube geschickt hätte.

Später sah ich die Jungfüchse immer seltener, dann blieben nur noch zwei zusammen, im Herbst gingen sie mir schließlich ganz aus den Augen.

Nun lag Schnee und die Jagd auf Reineke offenbarte alle ihre Reize. Es war spannend, seine Spuren auszumachen. Hier ist er gewechselt, dort geschnürt und noch woanders hat er Mäuse gejagt. Als der Mond wieder rund wurde, nahm ich die Flinte und zog mit der Nacht ins Lohmetal. Bei dreizehn, vierzehn Grad Kälte hockte ich mich auf meinen Schlitten, streifte die mitgeschleppten Wollsachen über und wartete. Ich wartete zwei Stunden, manchmal länger und immer vergeblich. Bisweilen wechselten Rehe über die glitzernde Fläche

K.-P. Reif

und tags darauf waren auch die Spuren vom Fuchs da. Ich setzte mich noch später an, fror noch länger. Wieder mit dem gleichen Ergebnis. Dann nahm ich das Mauspfeifchen mit, und Diana war mir hold, im oberen Tal keckerte ein Fuchs in die klare Winternacht. Schnell den Mäusepfiff, die Flinte entsichert und Blick talaufwärts. Da keckerte er wieder. Fast sah ich ihn schon die Skispuren entlang auf mich zuschnüren. Wenn man so angestrengt ins Halbdunkel starrt, wird jeder Busch einmal zum Fuchs. Der richtige kam nicht. Der sprang ab, als ich mich nach halbstündigem Warten wieder umdrehte. Talwärts stand er, hatte meinen Wind und lauerte auf die letzte Bestätigung seines Verdachtes. Das war sie! Mißmutig und halb erfroren wechselte ich zurück.

Dann stellte ich es ganz schlau an. Ich setzte mich auf die große Kanzel mitten auf dem Wildacker. Um mich herum die weiße Schneedecke, frei nach allen Seiten und dem schlauen Räuber keine Deckung bietend, daß er mich nicht umgeht und in meinen Wind kommt wie im Lohmetal. Ein Stündchen wartete ich ab, bis die Witterung aus meiner Spur war. Derweil zogen Ricke und Kitz zum Kirrplatz, ein alter Bock steckte seinen dürren Hals aus der Dickung vorm Kirchwald, ehe er sich über die freie Fläche traute. Langweilig wurde es mir nicht, aber kalt. Da half kein Bewegen der Fußzehen mehr. Durch das lange Sitzen war meine Blutzirkulation schon zu stark beeinträchtigt. Ich erhob mich, um im Stand ein wenig zu pendeln. So wird mir am schnellsten wieder warm. Gut gedacht, doch schlecht gemacht. Beim Aufstehen stieß ich mit dem Hut an die verschneiten Zweige und die gaben gern einen Teil ab von ihrer eiskalten Last. Das meiste davon rutschte mir ins Genick.

Als ich wieder im Reinen mit mir war, machte ich die Hasenklage: „Oh weh, oh weh, weh, weh"! Der Erfolg zeigte sich sogleich. Meine Rehe sprangen ab. Zuerst der Bock, etwas zögernd folgten ihm Ricke und Kitz.

Zehn Minuten wartete ich ab, sorgsam mein Umfeld beobachtend, dann versuchte ich es noch einmal. Diesmal sprang niemand weg, es kam aber auch niemand, schon gar nicht Reineke. Eine halbe Stunde blieb ich noch, dann stieg ich mit steifen Beinen von der Leiter.

Am Monatsende schlug das Wetter plötzlich um. Das Quecksilber stieg über die Nullmarke. In den Tälern quirlten warme Winde und dann regnete es sogar, nicht sehr stark, aber lange. Ein richtiges Sauwetter, und das war es auch. An der Kirrung im Esbach brachen

die Schwarzkittel. Die Kanzel dort war noch nicht fertig, sie besteht vorerst nur aus vier Säulen, Plattform und Leiter. Eigentlich konnte man sie noch nicht benutzen. Trotzdem steckte ich meinen Sitzstock in eine Ritze des künftigen Kanzelbodens und nahm Platz. Die Büchsflinte lag auf meinen Knien. Ich mußte aufpassen, daß Laufmündung und Zielfernrohr vom Sprühregen verschont blieben. Es war nicht kalt, und bis die Feuchtigkeit durch meinen Loden dringen würde, konnte ich noch gut zwei Stunden sitzen. Vom Mond war bei dem tiefhängenden Gewölk nicht viel Licht zu erwarten. Aber auf dem Kirrplatz lagen noch ein paar Schneereste, die mir Kontrast liefern könnten. Vielleicht würde die Bewölkung wieder etwas aufreißen? Wir Jäger neigen ja zum Optimismus.
So verging die erste Stunde. Da! Ich wollte meinen Augen nicht trauen. Statt der erwarteten Sauen schnürte Reineke den Weg entlang. Mit dem Wind kam der Schlaumeier, als hätte er nur Freunde auf der Welt. Einmal ging er um den Haufen, hinterließ im Windschatten seine Losung; dann stieg er auf die Kirrung obenauf. Dabei bekam er den Waldessaum als Hintergrund und ich konnte den Fuchs nur noch mit Mühe erkennen. Nun war ich mit meiner Schwarzwildahnung wieder der Betrogene. Im linken Lauf steckte die Papphülse mit dem Flintenlaufgeschoß und rechts die Kugel. Für einen Schrotschuß wären die fünfunddreißig Meter gerade die richtige Distanz und der Bleihagel das sicherste Geschoß gewesen, aber das Umladen würde der Fuchs nicht aushalten.
Einstweilen nahm ich das Gewehr auf und wartete. Da stieg Reineke auf der abgewandten Seite vom Haufen. Aus mein Traum! Nach bangen Sekunden kam der neugierige Geselle wieder. Von links ging er um den Haufen. Als er auf den vom Regen zusammengepappten Schneeresten anlangte, hatte ich ihn schon im Zielfernrohr. Die Höhe müßte stimmen, der Zielstachel verdeckte den Vorderlauf, da drückte ich ab.
Das Geschoß warf Reineke einfach um. Die Lunte fiel in den Schnee, dann war es aus. Der alte Rüde hielt den Fang weit offen und giftig spiegelten seine Seher das Licht der Taschenlampe wieder. Das acht Millimeter Scharfrandgeschoß hatte ihm ein faustgroßes Loch in den Balg gerissen, durch das alles Leben entwichen war.
Nun habe ich einen Fuchs. Aber es ist nicht der, den ich wollte!

EINUNDVIERZIGSTES KAPITEL

Kamingeschichten

Für ein stimmungsvolles Kaminfeuer eignet sich Treibholz am besten. Es brennt gleichmäßig und seine Flamme erstrahlt in einem bläulichen Glanz, der besinnlich macht und Schwermut verbreitet. So habe ich es auf der Insel Hiddensee erlebt. Doch wo sollen wir mitten im Thüringer Wald Treibholz hernehmen. Die frischen Scheite von Fichte und Kiefer brennen unruhig. Das Holz knackt und springt. Es will sich den Flammen nicht hingeben.
Acht Beine recken sich zum Feuerloch, denn in der Jagdhütte ist es noch kalt. Die Fenster sind blind gefroren, unser Atem dampft von den Gesichtern. Der Flachmann geht von Hand zu Hand. Er soll wenigstens innerlich Wärme spenden. Solange der braune Kräuterschnaps seinen Weg zum Magen nimmt, scheint er das auch zu tun. Trotzdem dauert es mehr als zwei Stunden, bis wir den Frost aus dem kleinen Raum getrieben haben. Inzwischen kocht der große Kessel. Je öfter die Groggläser gefüllt werden, um so gesprächiger wird unsere kleine Gesellschaft. Bald kreist das Gespräch um Hirsche und Böcke der letzten Jahre. Dabei werden die Trophäen immer kapitaler, die Jagden immer abenteuerlicher und die Augen immer glänzender. Trotzdem hören wir uns aufmerksam zu; denn wahr müssen sie doch sein, die Geschichten, sonst könnte man sie ja nicht erzählen ...

Rudi erzählt aus der Zeit, als unser Jagdrecht noch in seinen Kinderschuhen steckte, als man die Gebiete der Gesellschaften und Pirschgruppen festlegte, um die organisatorischen Grundlagen für eine zweckmäßige Bewirtschaftung zu schaffen. Schon damals stand das beste Wild immer beim Nachbarn. So auch ein kapitaler Vierzehnender, den er zuweilen auf der Grenzwiese, aber eben

immer jenseits der Grenze, äsen sah. Neben der Wildbeobachtung führte Rudi deshalb auch eine intensive Erkundung der Gewohnheiten unserer Nachbarjäger durch. Bald wußte er über deren Eigenarten besser Bescheid, als über den Hirsch. Die Hoffnung, er könne einen Tag abpassen, an dem im Nachbargebiet nicht gejagt würde, zerschlug sich an der Passion unserer Oehrenstöcker Kameraden. So hörte er auch an jenem schicksalsschweren Mittwoch das Moped des Jägers aus der Nachbargesellschaft bergan schnurren. Daher wußte er, daß dieser keine fünfhundert Meter von ihm entfernt seinen Ansitz einnehmen wollte. Trotzdem blieb Rudi an der Grenzlinie sitzen. Beobachten war ja nicht strafbar, und für den Ernstfall hatte er sich einen Plan zurechtgelegt sowie die nötigen Vorkehrungen getroffen. Die Dämmerung trat ein, und der Hirsch trat aus. Natürlich im „Feindlichen" und dort blieb er auch. Juristische Bedenken und Jagdleidenschaft führten unter Rudis grünem Hut einen kurzen, aber ungleichen Kampf miteinander, der damit endete, daß der Sicherungshebel nach vorn geschoben wurde und der Hirsch hinter dem Perlkorn der Doppelflinte seinen Platz fand. Bei aller inneren Bewegung lag das Laufpaar doch so ruhig, daß dem Geweihten das Flintenlaufgeschoß ins Leben traf, als er gerade wieder sein stattliches Haupt aus dem Rasen nahm. Der Hirsch knickte mit den Vorderläufen ein, kam wieder hoch, zog schwankend auf die nahe Dickung zu und brach hinter den ersten Fichten deutlich hörbar zusammen. Eine in Richtung und Länge von ihrer Zweckmäßigkeit wohl einmalige letzte Flucht eines Hirsches.
Das Echo des Schusses war kaum verhallt, da hatte Rudi mit zitternden Händen die Waffe bereits geöffnet, Öl in den Lauf gekippt und das Kettchen mit der Bürste durchgezogen. Als er das Geknatter des sich nähernden Mopeds hörte, handhabte er bereits den Wollwischer, und als der Kamerad aus der Nachbargesellschaft mißtrauisch blickend nähertrat und scheinheilig seine Hilfe anbot, da ruhte die ölglänzende Waffe bereits wieder unschuldig auf seinen Knien.
Den Schuß habe er wohl gehört, aber er habe nicht geschossen, sein Gewehr sei unbenutzt. Argwöhnisch warf der Nachbar durch die bereitwillig dargebotenen Rohre einen prüfenden Blick in den Abendhimmel. Dann spähte er über das mutmaßliche Schußfeld und endlich, der aufdringliche Geruch des frischen Waffenöles mochte ihm noch in der Nase kitzeln, knatterte er wieder von dannen. Rudi

wartete noch eine kleine Weile, seines Alibis nun sicher, dann trat er mit klopfendem Herzen an seinen ersten Hirsch und hielt dem eine lange Totenwacht. Anschließend lüftetete er den schweren Wildkörper und schritt den Fahrweg entlang ins Tal.
Auch das erwies sich als zweckmäßig, denn der argwöhnische Nachbar saß noch auf der Treppe, sichtlich enttäuscht über den leeren Rucksack seines Kontrahenten, aber wohl nun auch endgültig beruhigt.
Der Hirsch wurde am nächsten Vormittag geborgen, zu einer Zeit, da die mißtrauischen Freunde ihrer Arbeit nachgingen.
Um so mehr wunderte sich Rudi, als er zu deren Vollversammlung geladen wurde, sich nach harter Befragung verantworten mußte und erst davonkam, als er die umfängliche Zeche aller Anwesenden bezahlt und Besserung gelobt hatte. Die Nachbarn waren nicht minder listenreich zu Werke gegangen. Sie hatten die Wildanlieferung im Schlachthof verfolgt.

Bodo schenkte die Gläser wieder voll, legte zwei Fichtenscheite ins Feuer und erzählte die Geschichte seines letzten Hirsches, den er im Herbst in den Wäldern um Neuruppin gestreckt hatte. Lange war Bodo hinter dem Zwölfer hergewesen. Er hatte ihn bei schlechtem und etwas besserem Licht beobachtet und war sich doch mit der Ansprache nicht ganz sicher gewesen. Er hatte seine Waffe gehoben, wieder gesenkt, und dann doch geschossen.
Bodo sah den Hirsch weidwund ins Holz ziehen. Dorthin war er ihm gefolgt und hatte ihn endlich mit einem Fangschuß zur Strecke gebracht. Danach hatte er aufgeatmet, denn es war ein Abschußhirsch, älter noch, als von der Ferne auszumachen war. Nun mußte das Wild geborgen werden. Da traf es sich gut, daß Bodos Vater Offizier war. Mit zwei Soldaten und dem Geländewagen ging es zum letzten Wundbett. Die Anwesenden bestaunten die Trophäe und hätten gern näheres über Stangenlänge und Auslage gewußt. Doch ein Meßmittel war nicht greifbar und an den Mutmaßungen entzündete sich der Streit der jagdlich Interessierten. Zögernd meldete sich der Fahrer des Jeeps: „Wenn Sie mich für zwei Minuten mit dem Hirsch alleine lassen, gebe ich Ihnen die genauen Maße“. Achselzuckend wurde das Angebot angenommen,und schon kurze Zeit darauf sagte

der junge Mann Stangenlängen und Auslage an. Lachend bat der glückliche Schütze um Aufklärung. „Womit haben Sie denn gemessen"? Und nur sehr zögerlich kam die Antwort, denn sie offenbarte einen alten Brauch, der in den militärischen Formationen unseres Landes mit Strafe geahndet wurde, der aber, vielleicht auch deshalb, nie ausstarb: „Mit dem Bandmaß für die letzten hundert Tage meines Grundwehrdienstes".

Schmunzelnd nahm nun Sigi unser Angler das Wort. Er berichtete davon, wie er mit Spinnrute und Blinker an die Ilm zog, um zum Aufgang der Salmonidenzeit eine kapitale Forelle auf ihre Schuppen zu legen. Wegen des hindernisreichen Gewässers hatte er starke Schnur aufgelegt und einen tatkräftigen Devonspinner eingeschlauft. Gerade war er dabei, aus guter Deckung heraus einen seiner berühmt-berüchtigten Weitwürfe zu Wasser zu bringen, als zwischen den Pestwurzblättern ein Rehbock aufstand und über die nahen Bahnschienen flüchtend den Hang zum Kickelhahn hinaufstrebte. Das nahm er nur am Rande wahr, denn kurz darauf fühlte Siegfried, wie die Schnur sich straffte. Instinktiv setzte er einen zarten Anhieb und schon pfiff die Dederonsehne von der Rolle. Dreißig, ja vierzig Meter gab der staunende Angler Schnur, dann forcierte er, zwang seinem offensichtlich kapitalen Gegner den eigenen Willen auf. Erst jetzt bemerkte er, daß die Schnur nicht entlang der Ilm sondern in den Wald führte und das dort der Rehbock mit gesenktem Haupt die Elastizität des Materials prüfte. Nun schlug ihm doch die Herzspitze an die Westentasche. Ein Rehbock an der Spinnrute – nicht auszudenken!
Vorsichtig und mit schier unsäglicher Geduld drillte er seinen kapitalen Gegenüber, ängstlich bemüht, nicht aus der Deckung zu treten und den Bock dadurch zu einer stürmischen und sicherlich erfolgreichen Flucht zu veranlassen.
Der nervenzehrende Kampf währte bereits vierzig Minuten, als dem schweißnassen Schalenwildangler das Pfeifen der sich nähernden Eisenbahn durchs Mark fuhr. Damit war alle Mühe zunichte gemacht. Für wenige Sekunden nahm der aus Manebach kommende Zug dem Angler die Sicht auf sein Wild. Dabei zerquetschten die stählernen Profilräder den Dederondraht auf der Schiene. Tränen der Wut und

Enttäuschung liefen Sigi über die bärtigen Wangen, als er das schlaffe Schnurstück auf die Multirolle zog.
Keine drei Wochen danach erschien in der Kreiszeitung die sensationelle Meldung, ein Jäger habe einen Rehbock erlegt, in dessen rechten Rosenstock ein Spinner eingewachsen sei. Im Tausch gegen ein Faß Bier hat Sigi die seltene Trophäe in seinen Besitz gebracht. Und wer es nicht glaubt, kann das leere Faß noch in Augenschein nehmen!

Angesichts der fortgeschrittenen Zeit verzichten wir darauf. Das Feuer ist niedergebrannt, die Rumflasche hat ihren letzten Tropfen gespendet, und eine bessere Geschichte weiß auch keiner mehr. Müde rollen wir uns in die Decken. Die Nacht ist kurz, und morgen wollen wir mit dem großen Schlitten Heu auf die Fütterung am Kamm bringen.

ZWEIUNDVIERZIGSTES KAPITEL

Zwei Fehlschüsse

In Lake Placid fällt die Entscheidung um die olympischen Medaillen im Biathlon. Auf dem Programm steht heute der Lauf über zwanzig Kilometer. Dieser interessanten Disziplin, die in ihrem Wechsel von Laufen und Schießen der nordischen Jagd nachempfunden ist, gilt meine ganze Aufmerksamkeit. Im Minutenabstand starten die Sportler in ihren bunten Laufanzügen, das Kleinkalibergewehr am Tragegestell auf dem Rücken. Seit zwei Jahren hat sich das kleine Kaliber 5,6 Millimeter international durchgesetzt; aus wirtschaftlichen und praktischen Gründen. Seit einigen Jahren befasse auch ich mich mit dem Schießtrainig in dieser Disziplin. Ich kenne unsere Sportler und ihre Betreuer, ich weiß um die Mühen und Entbehrungen in Training und Wettkampf. Und heute gilt es doppelt und noch mehr – Olympiade 80.

Da läuft unser erster Mann an den Schießstand. Fünf Schüsse im Liegen. Das ist noch nicht so interessant, bisher haben auch alle getroffen. Eberhard Rösch nimmt sein Gewehr vom Rücken. Dann läßt er sich auf die Knie fallen, steckt das Magazin in die Waffe, repetiert und baut seinen Anschlag auf. Noch einmal korrigiert er seinen rechten Ellenbogen, dann interessieren nur noch die Zielscheiben. Ich will es nicht fassen, zwei Schüsse liegen außerhalb des straffreien Kreises, und zwei Strafminuten bedeuten in diesem exzellent besetzten Starterfeld einen sehr schweren Rucksack für den weiteren Lauf. Allein das Zuschauen strapaziert meine Nerven jetzt so stark, daß ich aufstehe und in der kleinen Stube hin und her laufe. Endlich ziehe ich mich an und fahre ins Revier.

Am Talteich stelle ich das Auto ab, steige in Gedanken durch den naßkalten Fichtenwald. Dann erklimme ich die Ansitzleiter am Wildacker. Die sonst so romantische Waldwiese macht auf mich an diesem wolkenverhangenen Tag einen besonders trostlosen Ein-

druck. Mit dem Abschmelzen des Schnees werden die unansehnlichen, grauen Halme des niedergedrückten Grases wieder frei und von hier oben sind deutlich die Wintergänge der Mäuse zu sehen. Wie ein Adergeflecht laufen sie über den Boden und markieren den täglichen Weg ihrer geschäftigen Erbauer.
Verlassen liegt die Suhle hinter den Weißdornbüschen. Nur in der Eberesche klettern die Gimpel an den blattlosen Zweigen entlang und zupfen die roten Beeren von ihren dichten Fruchtständen. Dabei verhalten sich die drei Dompfaffen ganz still. Ihr sanft flötendes „diüü, diüü" – der Lockruf in der Paarungszeit – wird erst im Frühjahr erklingen. So possierlich die Vögel auch sind, meine Gedanken an Lake Placid können sie nicht verdrängen.
Aus der Fichtendickung tritt jetzt eine Ricke und kommt genau auf meine Leiter zu. Ihr Gebaren ist unstet. Als würde sie verfolgt, so eilt das graue Reh mit schnellen Schritten über die freie Fläche, nur hier und da gönnt sie sich ein paar hastige Bissen. Bald verschwindet sie im Altholz hinter mir, ohne daß ich die Ursache für ihre Unruhe erfahre.
Rasch nimmt die Dunkelheit zu, und das Rauschen des nahen Bächleins wird von meinem Ohr scheinbar noch stärker wahrgenommen. Im Sommer ist es nur ein Rinnsal, aber jetzt führt es Schmelzwasser. Das macht es laut und übermütig.
Da war eine Bewegung hinter dem Hagebuttenstrauch. Eben sehe ich noch, wie ein Fuchs den Bach entlangschnürt, dann entzieht ihn ein Hügel meiner Sicht. Nun bin ich ganz aufmerksam, entsichere schon und hebe das Gewehr. Da verläßt Reineke den Graben und trabt parallel zum Bach talwärts. Ich halte hin und drücke den hinteren Abzug. Wie ihn die Schrote erreichen, springt der Fuchs meterhoch, dreht im rechten Winkel und gibt Fersengeld – unterschossen. Nun schicke ich noch die Kugel hinterher, aber die macht den Fuchs nur schneller.
Mißmutig steige ich von der Leiter und denke wieder an Biathlon. Jetzt habe ich auch vorbeigeschossen, ebenso zweimal. Aber von mir hat den Treffer auch niemand erwartet, außer ich selbst. Mir hat niemand zugeschaut, und es hing nicht mehr daran, als die eigene Passion. Ich kann eine ähnliche Situation noch oft erleben; ein Olympionike hat seine Chancen nicht so häufig.
Dem aufgeweichten Waldboden folgend, gehe ich zurück zum Wagen. Der Schlamm schmatzt unter den Stiefeln. Aufgrund der

Dunkelheit wäre es zweckmäßig, einen besseren Pfad zu suchen. Aber dafür bin ich zu gleichgültig. Ich knalle die Autotür zu, lege die Büchsflinte auf die Rücksitze und mit aufgeblendeten Scheinwerfern fahre ich in den steinigen Rinnen mit dem Schmelzwasser ins Tal. Im Autoradio werden gerade die Siegerinterviews übertragen. Aljabjew, Sowjetunion, wurde Erster, Frank Ullrich Zweiter und für Eberhard Rösch gab es noch Bronze. Vor Freude muß ich schlucken. Die Zusammenfassung im Fernsehen werde ich mir nun doch ansehen.

DREIUNDVIERZIGSTES KAPITEL

Laufender Keiler

Ich muß mich sputen, damit ich von der Straße komme. Meine grüne Jacke, der Rucksack und das Jagdgewehr passen nicht recht zu dem buntlackierten Kinderstühlchen, das ich unter dem Arm trage. Mein Jüngster hat es mir für diesen Abend geliehen und dazu sein lustiges „Weidmannsheil" hinter mir hergekräht.

Im Vergleich zum Sitzstock hat dieses Kinderstühlchen unschätzbare Vorteile: Erstens steht es fest und kippelt nicht. Zweitens hat es eine stabile Lehne und zum Letzten ist die Sitzfläche genau in der Höhe, daß ich den Ellenbogen aufs Knie stemmen und sicher schießen kann. Aber diese Vorteile erkaufe ich mir damit, daß ich auf der Straße ein wenig zünftiges Bild vom deutschen Jäger abgebe und soeben der dritte Trabant mit seinen hämisch lachenden Insassen an mir vorbeirollt. Deshalb springe ich über den Chausseegraben und ziehe durchs Unterholz, zwar unbequem, dafür aber ungesehen meinen Weg.

Nach zweihundert Metern habe ich das Gestrüpp hinter mir und trete durch einen Heidekrautteppich auf die ehemalige Plantage, die wir Apfelallee nennen. Die Idee mit der Plantage konnte sich nicht durchsetzen. Dafür sorgten schon vor vielen Jahren das Wild und der fehlende Schutzzaun. Trotzdem ist das Mosaik der heute größtenteils verdorrten Obstbäume noch deutlich im Kiefernanflug, den zahlreichen Bromeerhecken und dem seit Jahren nicht mehr gemähten Gras zu erkennen.

Das Stühlchen auf der Schulter steige ich zur Plattform der Kanzel hinauf und richte meinen Ansitz her. Das Fernglas und die Patronentasche lege ich auf den Boden, die Büchsflinte auf die Knie. Noch nie habe ich so schnell und so viele Reservepatronen gebraucht, daß sich das separate Ablegen der Munition gelohnt hätte. Aber wenn doch? Ich bleibe dieser Angewohnheit treu.

Die Schwarzwildkirrung liegt gute dreißig Meter vor mir. Dort müßte das Wild auftauchen, von da weht auch der Wind. Nun heißt es abwarten und aufpassen. Gegen achtzehn Uhr setzt die Dämmerung ein und verwebt Apfelbäume und Kiefern miteinander. Zur Chaussee hin stehen zwei Rehe und äsen ruhig, obwohl mein Wind zu ihnen zieht. Plötzlich höre ich schnelle Tritte und das Rauschen des Heidekrautes hinter mir. Vorsichtig spähe ich um die Holme der Leiter. Genau dort, wo ich die Heide querte, stehen die Schwarzkittel. Es sind fünf. Meine Witterung haben die Sauen schon, denn fast gleichzeitig richten sie ihre Teller und Pürzel nach oben. Schon bläst das erste Stück, dreht um und einen Halbkreis beschreibend geht die Rotte nach links ab.

Nun kann ich die vielen Vorteile meines Kinderstühlchens nicht ausnutzen. Rasch erhebe ich mich, entsichere das Gewehr und ziehe mit. Vor der hellen Fläche verdorrten Grases heben sich die Wildkörper überraschend gut ab. Abwechselnd verschwinden die galoppierenden Silhouetten in den dunklen Heidekrautinseln, tauchen wieder auf und entfernen sich immer mehr. Der Zielstachel meiner Optik schwebt vor dem Gebrech des letzten der fünf Schwarzkittel. Als Spitze und Wurf übereinander sind, drücke ich ab. Ich glaube zwar, den Kugelschlag zu hören, kann aber durchs Mündungsfeuer nicht erkennen, wie sich das Stück verhält. Ein Weilchen warte ich ab. Dann packe ich mein gefährliches Werkzeug zusammen, nehme das Stühlchen und steige von der Leiter. Mit der Taschenlampe suche ich nach dem Anschuß und stolpere wohl zehn, zwanzig Minuten zwischen den dürren Apfelbäumen umher. Dabei werde ich immer wieder vom Anblick der Heidebüschel genarrt, die mir das gestreckte Wild vortäuschen. Etwas Handgreifliches finde ich jedoch nicht. So langsam siegen bei mir die Zweifel: Ich tippe auf Fehlschuß. Erstens war es doch recht weit, und zweitens recken überall die Obstbaumskelette ihre dürren Arme in den Himmel. Schnell wird da die Kugel abgefälscht. Und den Kugelschlag hört man vielleicht auch beim Einschlag in den Erdboden. Deshalb gehe ich langsam zum Wagen, verstaue meine Gerätschaften und fahre nach Hause.

Während der Heimfahrt grüble ich darüber nach, warum die Sauen wohl von der Straße her kamen und nicht, wie erwartet und vom Fährtenbild angezeigt, aus der Kieferndickung hinter der Kirrung. Wahrscheinlich ist es sogar eine andere Rotte gewesen. Jedenfalls waren die Sauen diesmal gewitzter als ich.

Einige meiner Schwarzwildbegegnungen gehen mir wieder durch den Kopf:
Wenn es mit ihren Lichtern auch nicht weit her ist, die Sauen winden und vernehmen vorzüglich. Mehrmals konnte ich beobachten, wie sie trollend auf meine manchmal stundenalte Spur kamen, verhofften und lange sicherten, wenn sie nicht ganz und gar umkehrten. Anders verhält es sich, wenn die Sauen im Gebräch stehen oder mit dem Fraß an der Kirrung befaßt sind. Dann kann der Jäger ruhig seine Wegzehrung nehmen und tüchtig mittun. Nun werden Geräusche ausgehalten, die sonst zu hoher Flucht veranlaßt hätten. Überhaupt werden Laute, die zur gewohnten Geräuschkulisse gehören, wie Verkehrslärm, ohne nennenswerte Reaktionen toleriert, wogegen ein metallisches Klicken zum sofortige Abspringen veranlassen kann. Wenn mitunter Frischlinge die Spitze der Rotte bilden, was nach meinen Beobachtungen zuweilen beim Aufsuchen von Ablenkfütterungen oder Kirrungen der Fall ist, nähert sich die Rotte auch im Schweinsgalopp und mit viel Eigengeräusch. Ich erinnere mich eines Ansitzes an der Kirrung im Lohmetal im November. Bei wenig Schnee, großer Kälte und schlechtem Licht schickte ich mich schon kurz nach achtzehn Uhr an, abzubaumen. Gerade als ich mit brennender Taschenlampe vor der Brust die Leiter hinabstieg und den Rucksack über den Kanzelboden zog, rauschten die Sauen von rechts um die Waldecke. Wie die wilde Jagd galoppierte eine gemischte Rotte an die Kirrung vor dem Sitz. Ich zählte achtzehn Sauen; es war ein imponierender Anblick, die anstürmende Rotte, kleinen Büffeln gleich, über den Harsch donnern zu sehen. Sofort schaltete ich das Licht aus und schlich die vier Leitersprossen wieder hoch. Dort kramte ich nach dem Patronenfutteral, nahm die Büchsflinte vom Rücken und beobachtete gespannt eine starke Bache, die hinter der Rotte zurückblieb und zu blasen anfing, als ich die Waffe öffnete. Nicht hochflüchtig, aber zügig ging die Rotte ab, die stärkste, die mir bislang in freier Wildbahn unter die Augen kam. Seitdem überlege ich immer sorgfältig, wann ich von der Leiter steigen will und bleibe dann genau noch zehn Minuten länger.
Es heißt: Die Sauen seien das letzte wehrhafte Wild unserer Wälder. Zahlreiche Erlebnisse beweisen das, und viele unserer Jäger zitieren diese Erkenntnis gern. Nicht, um den Sauen ein Kompliment zu machen, sondern doch nur, um die eigene Tapferkeit ins rechte Licht zu rücken. Denn die Zeit, da das Schwarzwild mit der blanken Waffe

angegangen wurde, sie ist Vergangenheit. Das heißt, der wackere Weidmann sitzt auf der Kanzel, etliche Meter ab und über dem wehrhaften Wild, ist zudem diesem mit seiner Fernwaffe weit überlegen.

Und doch gibt es auch diese Begebenheiten: den Keiler, der mit seinen Gewehren dem Jäger die Oberschenkel aufreißt, die alte Bache, die ihm in die Waden beißt, und den Hosenflicker, der den Treiber ins Heidelbeerkraut wirft. Aber das passiert weit weniger oft, als es erzählt wird und hat seine Ursache meist im falschen oder unbesonnenen Verhalten dem Wilde gegenüber.

Da werden Frischlinge mit Schrot beschossen. Das Klagen der angeflickten Schweinekinder ruft den verständlichen Zorn der Bache hervor. Ich selbst mußte nach einer solchen Aktion schleunigst die Bank meines Schirmes verlassen und hatte eine zerbissene Hand sowie blaue Oberschenkel als lange Zeit spürbaren Hinweis für die Verwerflichkeit meines unbesonnenen Tuns. Als ich meinen furchtsamen Körper endlich auf einer tragfähigen Fichte in Sicherheit gebracht hatte, konnte ich noch dabei zusehen, wie die Bache meinen Rucksack und die Sitzbank buchstäblich am Boden zerstörte. Glücklicherweise bezog sie das Gewehr in ihren berechtigten Vandalismus nicht mit ein.

Es werden Schüsse auf unvertretbare Entfernungen oder bei unzureichendem Licht abgegeben, die nicht dorthin treffen, wohin der Jäger das gern wollte. Das macht Nachsuchen erforderlich, die es tatsächlich in sich haben, die gefährlich werden können, wenn sie zu rasch und ohne Hund durchgeführt werden, besonders, wenn die angebleiten und sehr schußharten Sauen in die Enge getrieben und ihre Fluchtdistanzen unterschritten werden.

Vielerorts, vor allem da, wo die Sauen nicht bonitiert sind, waren Schwarzwild und Schadwild zwei Worte mit ein und derselben Bedeutung. Das führt bis zur Aufstellung von Saufängen und ihrem unwürdigen Betrieb.

Auch mich zieht die Jagd auf Sauen immer wieder in ihren Bann. Auch ich hänge mir nur solche Kalender an die Wand, auf denen die Mondphasen angezeigt werden. Denn sie sind nachtaktiv, die verhaßten, die geliebten Sauen. Die Jagd auf dieses unstete Wild verlangt weit mehr Einsatz, als etwa der Abschuß eines geringen Bockes, der regelmäßig im Schein der Abendsonne seine Äsung annimmt. Also ist es nicht die Gefährlichkeit, sondern vielmehr der

besondere Reiz des Unbestimmten bei der Überlistung dieses in so hohem Maße instinktbegabten Wildes.
Im vorigen Mai pirschten wir hinter der Entenmastanlage. Das war notwendig, weil die Sauen verendetes Wassergeflügel, das dort vergraben war, freiwühlten und als Fraß annahmen. Bei hellem Mond waren wir an Ort und Stelle. Der linde Frühlingswind stand so, daß wir nur von innerhalb der Anlage an die Geflügelgräber herankamen. Dabei wurden die im dichten Pulk am Ufer der Zuchtteiche schlafenden Vögel unruhig und stürzten schließlich laut ratschend ins Wasser. Trotzdem bemerkten wir im gleichen Moment, daß eine Sau, mit der besagten Tätigkeit befaßt, auf der Wiese stand und trotz des ohrenbetäubenden Lärmes vieler hunderter Enten auch aushielt. Der Mond stand uns im Rücken. Sofort duckten wir uns zusammen. Mein Weidgenosse machte sein Gewehr scharf und nahm kniend den massigen Wildkörper vor den Lauf.
Die Entfernung mochte gute dreißig Meter betragen. Der Grabräuber stand breit; ein todsicherer Schuß. Inzwischen waren auch die Enten wieder ruhig geworden und, vom peitschenden Knall des Gewehres erneut aufgeschreckt, quirlten aberhunderte Schwimmfüße das stinkende Wasser. Das beschossene Wild sprang in einen Buchentrampel. Dort mußte es nach unserer Meinung auch liegen.
Nach einer Zigarettenlänge, als Nichtraucher bediene ich mich gern dieser natürlichen Maße meiner qualmenden Kameraden, gingen wir auf den mutmaßlichen Anschuß zu und stolperten fast über den abgrenzenden Maschenzaun. Von der Sau fanden wir keine Fährte und keine Zeichen, auch nicht im Buchentrampel. Langsam dämmerte uns die Ursache und im Schein der Taschenlampe wurde unsere Ahnung zur Gewißheit. Das Geschoß hatte exakt den Maschendraht getroffen und war dadurch zerlegt oder zumindest abgefälscht worden. Unsere Sau hatte Schwein gehabt.
Wahrscheinlich war es mir heute mit den dürren Apfelbäumen ebenso ergangen.
Meine Frau empfängt mich mit den Worten: „Weißt Du wie spät es ist? Wir wollten doch…" Ja richtig, heute ist Rosenmontag und wir sind eingeladen. Schnell wechsle ich meine Sachen und versuche erst gar nicht, mich zu rechtfertigen. Unsere Gastgeber erwarten uns schon. Der Abend verläuft dem Anlaß entsprechend.
Die Nacht scheint mir sehr kurz geraten, als am Dienstag der Wecker schrillt. Draußen ist es kühl, auf den Wiesen liegt Rauhreif. Nachdem

ich über meinen gestrigen Schuß noch einmal nachgedacht habe, rufe ich meinen Freund Bodo an. Der ist sofort dabei, als ich ihm mein Erlebnis schildere und um Unterstützung bei der Kontrollsuche bitte.
Gemeinsam fahren wir zur Apfelallee. Ich steige wieder auf die Kanzel und dirigiere meinen Kameraden an den mutmaßlichen Anschuß. Bei Tag sind das gute hundert Meter und Bodo winkt resignierend ab: Bei der Entfernung, auf flüchtiges Wild und dann noch in der Dämmerung.
Trotzdem laufen wir ein paar Kreise. Im Rauhreif sind weder Fährten noch Schweiß auszumachen. Ich verfolge die ursprüngliche Fluchtrichtung der Rotte und werde nicht enttäuscht. Vielleicht fünfzig Gänge vom angenommenen Anschuß entfernt liegt ein Überläuferkeiler auf der rechten Seite, das Haupt mir zugekehrt, den Pürzel in Fluchtrichtung.
Bodo wünscht „Weidmannsheil" und der Keiler, er ist viel geringer, als ich das gestern Abend annahm, erhält Bruch und letzten Bissen. Der Schuß traf die Leber, und vor der Schußöffnung sitzen Feiststücke. Die Waffen sind wenig bemerkenswert. Aber ich werde sie mir Aufheben, zur Erinnerung an einen glücklichen Schuß, als die Rotte schon absprang,und eine erfolgreiche Kontrollsuche, als die Sache schon verloren schien.

VIERUNDVIERZIGSTES KAPITEL

Schneller als der Käfer

Ich glaube, es liegt im Bestreben der Menschheit, alles zu tun, um ihre Unabhängigkeit von der Natur zu beweisen. Aber, je mehr Siege sie dabei erringt, desto größer ist ihre Niederlage. Eine unserer katastrophalsten Niederlagen ist das Waldsterben. Daß es der Minderheit der Jäger ihr ureigenstes Betätigungsfeld nimmt, wäre noch zu verschmerzen. Nicht absehbar und in keiner Weise zu verschmerzen sind die ökologischen Auswirkungen auf die Menschheit.

Schneebruch heißt die Bezeichnung für eine Naturkatastrophe, die uns der Winter 1981/82 bereitete. Unvorstellbare vier Millionen Festmeter zerbrochener Wald, ein Zehntel der gesamten Holzreserve ist der Schaden dieses Winters.

Der verschneite Hochwald schien sich zu begrünen, so dicht lagen die abgeknickten Wipfel neben den todgeweihten Stämmen. Wer genauer hinsah, bemerkte die hellen Splitterbrüche und die Risse in den wipfellosen Erdstämmen. Und er sah auch die Bögen jener Fichten, die mit einer tiefen Verbeugung ihren Fortbestand zu erflehen suchen. Daneben die wenigen, denen noch genügend grüne Quirle verblieben waren, um zu assimilieren und zu überleben.

Ich bin durch solchen Wald gestiegen und gekrochen, habe die Zähne zusammengebissen und keinen Ausweg mehr gesehen. Ich sah alte Förster und Holzmacher mit Tränen in den Augen und sprach mit jenen, die die Sturmbrüche von vor 35 Jahren mit beseitigen halfen. Und doch war das alles nur der erste Akt der Tragödie. Der zweite sollte im Sommer nachfolgen. Dann würde der Borkenkäfer die Regie führen. Er nimmt Besitz von den gefallenen Stämmen. Dort findet er reichlich Nahrung und zudem Wohnung im Überfluß. Er vermehrt sich millionenfach. Dann reichen ihm die toten Stämme nicht mehr aus. Er tut etwas, was grausige Ausnahme ist. Er bemächtigt sich der noch gesunden Bäume. Lebendbefall nennt der Förster diese

Kalamität, der wir begegnen mußten, mit all unserer Kraft und all unserer Zeit.
Heiß und trocken war dieser Sommer, wie der im Jahre 1976. Im Juli kam das Korn in die Notreife, im August warfen die Birken das Laub, der Mais stand kniehoch auf gerissener Kruste und im September lief das Vieh über grau staubende Wiesen. Die Brunnen versiegten, Wasserwagen fuhren übers Land – Ersatzquellen für Mensch und Tier. Auch der Herbst blieb ein später Sommer. Rostrot färbte der Ahorn, gelb die Kastanie und rasch nahm der trockene Wind den Zweigen ihr buntes Kleid.
Jedes freies Wochenende waren wir, wie tausende Forstleute und Helfer, im Wald. Wir alle führten Axt und Säge im Kampf gegen den Käfer. Viele sahen die Not. Sie kamen aus Schwerin, aus Magdeburg, aus Cottbus und anderswo her. Keiner, der nicht sah, verstand und von sich aus weitermachte. Die nicht kamen, hatten nicht verstanden. Ihren Platz nahm der Borkenkäfer ein. Trotz Fangbaum und Lockfalle war er im Sommer mit uns. Verbissen kreischten die Motorsägen und fällten Fichten mit grüner Spitze und entrindetem Stamm. Lebendbefall wie selten noch gesehen. Wir kamen gut voran, überholten die erste Zielstellung, eine zweite und holzten weiter. Der Bruch nahm kein Ende. Wo wir waren, da ist der Hochwald licht. Wo es ganz schlimm war, da stehen keine Bäume mehr und es gibt Angriffsfläche für neuen Windbruch.
Da blieb nur wenig Zeit für die Jagd. Die warme Witterung verdarb den Hirschen die Lust an der Brunft. Also verschoben wir die Ernte mit der Büchse.
„Der Winter wird kalt und lang," sagten die Alten und verwiesen auf reichen Behang bei Eichen, Kastanien und Ebereschen. Aber sie irrten. Wir warteten auf die „Neue", die kommen mußte im November.
Der Monat war fast um, da fielen ein paar Flocken, fuhren ein paar Rauhfröste durch das raschelnde Fallaub. Im Dezember spielte der Wind mit verdorrten Grashalmen, dann wurde das letzte Vieh von den Waldwiesen genommen. Die Weihnachtsfichte sah kein Schnee, als meine Kinder sie heimholten. Es folgte ein Jahreswechsel mit schwarzen Äckern und grünen Saaten. Nur Regen gab es reichlich in diesen Wochen und der tat ja bitter not. Dann fielen ein paar Flocken in den Bergen, die Täler blieben schmutzig. Das Wild verzichtete auf unsere Fütterungen.

Ich schoß ein paar Rehe. Zwei Kitze im Esbach, Ricke und Kitz auf dem Kamm, ein schwaches Bockkitz im Lohmegrund. Hege mit der Büchse. Am 23. Januar ging ich durch den Frühling. Acht Grad zeigte das Thermometer, die Meisen schlugen wie zu Ostern, und der Hirschholunder trug dicke Knospen. Silbern blitzten die Weidenkätzchen, in sattem Grün stand die Wintersaat.
Ich dachte zurück an die Katastrophe vor einem Jahr und kam nicht weg von der Sorge, daß dies alles nur der Anfang war.

Das Abenteuer

Jede Zeit hat ihre Abenteuer. Aber Liebe und Jagd kennt die Menschheit seit ihrem Anbeginn. Christian, mein Jüngster, ist jetzt zehn, also für die Liebe noch zu jung und für die Jagd etwas zu klein. Er sucht seine Abenteuer in der Schule, mit dem Schlitten auf Rodelhängen, beim Herumtollen mit mehrrassigen Hunden und anderen Dingen, die ich nicht kenne. Doch heute will er ein richtiges Jagdabenteuer miterleben. Kälte, Schnee und Nacht schrecken ihn nicht, und morgen beginnt die Schule erst um zehn.
Eigentlich liegt mir nicht viel am Wunsch meines Sohnes. Die Fütterei am Wochenende hat meine Knie weich und die Bandscheiben steif gemacht. Der späte Winter treibt im März noch Dinge, die ihm im Januar zustehen. Eisglatt sind die Straßen, hüfthoch liegt der Schnee auf den Berghängen des Thüringer Waldes. Nur weil es nicht sonderlich kalt ist und weil so viele Sauen den Schnee im Esbach furchen, lasse ich mich endlich von Christian überreden.
Nun muß auf einmal alles sehr schnell gehen. Warme Sachen, Gewehr und Fernglas – wo ist die Munition? Hustenbonbons, die Papiere, das Verbandszeug und die Taschenlampe. Die Ausrüstung des Jägers ist umfänglicher geworden seit den Urtagen der Menschheit. Das Auto will nicht gleich über den Schneehügel vor der Garage. Dabei ist es schon sieben. Endlich rollt und rutscht der Wagen über eisglitzernden Asphalt, folgt den Schneespuren der Nebenstraßen und ist dabei gefangen wie eine Schienenbahn. Dann fährt er noch zwei Kilometer auf der geräumigen Fernverkehrsstraße durch wintereinsamen Kiefernwald und läßt sich endlich mit viel Schwung in einen ungeräumten Waldweg einschieben. Zwar liegt hier reichlich Neuschnee und der Lada sitzt sogleich fest, aber im Moment war das Einparken unser Problem. Das haben wir gelöst. Ums Wegfahren werden wir uns später kümmern.

Den Weg zur großen Kanzel hinter der Apfelallee gehen wir wie die Igel in der Furche. Knietief führt ein ausgetretener Pfad durch den Schnee, und ich muß die Füße eng setzen, um keine Geräusche zu machen. Dafür kratzt es hinter mir unverhältnismäßig laut. Ich schaue zurück, aber bevor ich den Jungen anraunze, muß ich lachen. Seine Jacke zeigte zwar im Licht der Stubenlampe jagdliches Grün; sie ist aber viel zu groß für einen Zehnjährigen und wenn er die Arme balancierend vom Körper hält, was er jetzt gerade tut, dann kratzt der Jackensaum an den Rändern der Schneefurche. Die Dunkelheit verbirgt den ungerecht tadelnden Zug in meinem Gesicht.
Bald erreichen wir auch die Kanzel. Christian steigt vor mir auf die vereiste Leiter und verschwindet im dunklen Einstieg. Wieder kratzt seine Jacke laut, und durch tiefes Luftholen bringe ich ein zweites Geräusch dazu. Ich bin ärgerlich, denn sicher steht das Wild schon in der nahen Dickung. Aber als ich mich durch die schmale Tür zwänge, geht das auch nicht lautlos. So verkneife ich mir einen Kommentar. Endlich birgt uns der rohe Holzkasten fünf Meter über dem Schneefeld mit den starken Wechseln.
Immer wenn ich einen Hochsitz oder eine Kanzel erklimme und Platz genommen habe, bekomme ich dieses seltsame Gefühl von Verborgenheit dem Wilde gegenüber, das sich bei genauer Betrachtung der jagdlichen Einrichtung aus menschlicher Sicht kaum rechtfertigen läßt, aber wohl deshalb funktioniert, weil unsere Schalenwildarten keine natürlichen Feinde in der Luft haben und auf ein gezieltes Sichern nach oben offenbar verzichten. Daß ich ein Tier durch meine Witterung oder durch Geräusche dennoch auch vom Hochsitz aus vergrämen kann, ist eine andere Sache.
Ich öffne die große Beobachtungsluke. Derweil späht Christian nach hinten zur Straße. Wieder macht seine Jacke „ssst“ und „raatsch“. Das kann ich nicht länger mit anhören. Wortlos ziehe ich ihm das pflegeleichte Mischgewebe über den Kopf und wickle ihn in meinen Lodenmantel, auf den ich gern verzichten kann. Dann halte ich meinen Kopf in die Luke und lausche.
Dicke Schneepolster dämpfen die wenigen Geräusche der beginnenden Nacht. Trotzdem höre ich vereinzelt leises Knacken, das ich stets mir warnendem Heben meines linken Zeigefingers quittiere. Aber Christian ist auch ohne meine Geste ruhig. Gespannt erwartet er sein Jagdabenteuer, das für ihn schon beim Überstreifen der ungewöhnlichen Jacke begann. Wieder knackt es, und da sind die

Sauen. Plötzlich ist Bewegung am Waldrand. Ich sehe durchs Glas, wie sich die Wildkörper gegeneinander verschieben. Fünf herangewachsene Frischlinge zähle ich und eine Bache, die bewegungslos verharrt. Als sich der erste Frischling auf die freie Fläche wagt, greife ich nach dem Gewehr. Doch schon wendet der borstige Geselle, verläßt den ausgetretenen Wechsel, wogt dreimal durch den Tiefschnee und drängt wieder zwischen seine Geschwister.
Ich kenne die Vorsicht der Sauen und bin nicht in Zeitnot. Deshalb unterbleibt der Schuß. „Abwarten" heißt eine Tugend der Jäger. Doch so schnell wie sie gekommen sind, verschwinden die Schwarzkittel wieder. Keine Bewegung ist mehr zwischen den Erdstämmen am Waldrand, leer und still liegt das Revier.
Erst jetzt wird mir bewußt, daß Christian noch gar nichts von seinem Abenteuer mitbekommen hatte. Meine Pelzmütze nahm ihm die Sicht und der ruhegebietende Zeigefinger die Möglichkeit, seinen Einspruch geltend zu machen. Nun lehne ich mich zurück, nun soll er das Fenster haben. Er verzichtet!
Es vergehen vielleicht zehn Minuten. Christian meint später, er habe auf der nahen Chaussee zwei Autos gesehen und eines davon war sicher ein Trabi gewesen. „Ansprechen" nennt der Jäger das Bemühen um die Identifikation eines Gegenstandes oder Tieres. Da knackt es wieder. Unvermittelt tritt eine einzelne Sau in den ausgetretenen Wechsel. Ich mache Christian aufmerksam. Wir sehen beide zu, wie die von mir als Überläuferkeiler angesprochene Sau, ohne zu verhoffen, von einem Waldrand zum anderen zieht.
„Schnell sein" heißt eine dritte Tugend des Jägers. Ich hebe die Waffe, entsichere vorsichtig, führe den Lauf langsam auf den Körper des Wildes und drücke den Abzug. Der Schuß klingt wie ein dumpfes „plub". Ohne Echo versickert der Knall im tiefen Märzschnee. Ich verfolge den schwerfälligen Gang des Keilers im Zielglas und bin sicher, daß der gleich fallen wird – aber das tut er nicht. Einen Bogen beschreibend erreicht er den angestrebten Waldrand und entzieht sich unseren staunenden Blicken.
Ein paar Minuten unterhalten wir uns flüsternd. Ich verspreche Christian, bestimmt getroffen zu haben. Dann sucht die Halogenlampe den Anschuß. Von hier oben ist nichts zu erkennen.
Mit ein wenig Übertreibung schildere ich meinem Sohn nun die Gefährlichkeit, die mit der Fortführung unseres Abenteuers auf uns zukommt, und bedeute ihm, vorerst auf der Kanzel zu bleiben.

Bis ich den Wechsel erreicht habe, sind meine Stiefel voller Schnee. Aber der Weg war nicht umsonst. Am Anschuß liegt ein Gewebestück, das ich als Leber deute. Die Fluchtfährte wird rechts und links von roten Schweißspritzern markiert. Bis zum Waldrand laufe ich hinterher, dann entsichere ich die Waffe und halte die Lampe in die Stämme. Wider Erwarten liegt da kein schwarzer Klumpen. Ich zwänge mich durch die Randbüsche noch zehn Schritte vor. Da endlich, vor mir ist der Schnee flächig aufgewühlt. Hier beschreibt die Schweißfährte einen kleinen Kreis, und nur wenige Meter weiter liegt der offenbar todwunde Keiler zwischen den Stämmen zweier Kiefern, die mein Alter haben mögen. Ich wühle mich zurück, gehe wieder zum Anschuß und rufe meinen Jungen. Er soll seine Jacke nicht vergessen! Dafür fehlt später ein Handschuh. Aber was ist ein einzelner Handschuh, im Vergleich zu einem ganzen Abenteuer?
Ich erkläre Christian die Schußzeichen, zeige ihm, daß die Kugel den Wildkörper durchschlagen hat, was den Schweißaustritt beiderseits der Fährte zur Folge hatte. Dann stapften wir vorwärts zum letzten Bett des Keilers. Hier erwartete uns eine Überraschung – sonst nichts: Das Wundbett ist leer. Die Halogenlampe beleuchtet den rotgefärbten und zusammengedrückten Schnee und ihr Widerschein fällt auf zwei verdutzte Gesichter.
„Aufmüden" nennt der Jäger das Hochmachen kranken Wildes aus dem Wundbett. Hätte ich den Keiler hier in Ruhe gelassen, wäre er sicher nach einiger Zeit verendet. Schwerkrank war er ja offensichtlich. Warum habe ich nicht gleich einen Fangschuß abgegeben, als der Keiler im Wundbett vor mir lag? Nun hat panische Angst seine schwindenden Kräfte mobilisiert. Vor dem herannahenden Feind hat er die Flucht gesucht, die trotz des hohen Schnees und des vermeintlichen Leberfetzens am Anschuß lang sein kann. Wir werden uns auf ein zusätzliches Abenteuer einstellen müssen, auf das Abenteuer einer Nachsuche mit dem Schweißhund.
Bedrückt nehmen wir unsere Sachen auf und stapfen zurück zum Wagen. Der ist erst nach einigem Rangieren und schwungvollen Pendelfahrten dazu bereit, seine Parknische aufzugeben.
Halb neun am Abend ist es, als wir bei Klaus, dem Hundführer, klingeln. Ich stelle meinen Sohn in der großen Jacke unter die Torbeleuchtung, um unsere Hilfsbedürftigkeit zu unterstreichen. Aber es bedarf dieser Illustration nicht. Klaus ist erfahren und hilfsbereit – eine weitere Tugend des Jägers. Klaglos verläßt er seinen

K.-P. Reif

warmen Fernsehsessel und steigt nach einem ganzen Arbeitstag noch einmal in die schweren Stiefel. Koro, sein Rauhhaarteckel, bekundet gar unbändige Freude über die Abwechslung versprechende Störung.
Bis zum Anschuß müssen wir dem Teckel die Bahn treten. Dort bleibt Christian zurück und hinter dem Hund verfolgen wir die Wundfährte. Im Unterholz war viel Schwarzwild unterwegs. Bald kreuzen und vernetzen sich die Fährten, so daß der Keiler, dem nun kaum noch Schweiß austritt, für uns keine sichtbare Wundfährte mehr hinterläßt.
Nach fünfzig Metern, die uns bald eine Viertelstunde und manchen Tropfen Schweiß kosten, verweist der Hund ein weiteres Wundbett, in dem der Schnee bis tief in den ungefrorenen Waldboden aufgewühlt ist. Nun wird der Teckel geschnallt und kann frei suchen. Wir stehen vornübergebeugt, schweißnaß, Dampf steigt von den erhitzten Gesichtern.
Wir hoffen auf den Erfolg des Hundes und zweifeln doch. So ist es bei jeder Nachsuche. Da erklingt schon der Standlaut des kleinen Teckels. Koro ist am Wild.
Wir eilen auf die Geräusche zu, so schnell das eben geht, und plötzlich steht der schneebestäubte Rücken der wunden Sau vor uns. Klaus hält die Lampe und sieht nach dem Hund. Ich will den Fangschuß anbringen. Das ist nicht einfach in diesem Wirrwarr aus Zweigen und bei der Grelle des Lichtes, das jeden Ast durch seinen Schatten verdoppelt. Deshalb schießt in solcher Situation meist der Hundführer, aber Klaus bedeutet mir, die Waffe zu behalten. Er weiß, daß ich kein Risiko für das Leben des Hundes eingehen werde. Ich reime mir das Ziel zusammen und drücke ab. Aber der Keiler fällt nicht. Er schiebt sich weiter ins Unterholz und entschwindet unserem Blick. Kurz darauf klagt der kleine Hund, dem der hohe Schnee sicher nur wenig Bewegungsfreiheit läßt. Klaus ruft Koro besorgt zurück, aber der Keiler scheint ihn zu halten. Stärker wird das Klagen des Hundes, und in Angst um unseren kurzbeinigen Helfer brechen wir vorwärts. Nach wenigen Schritten stehen wir wieder vor dem Keiler, der nun von dem Hund abläßt und sich auf uns konzentriert. Als ich sicher bin, daß Koro nicht mehr am Wild ist, schieße ich von vorn auf das borstige Haupt.
Eine Gewehrlänge vor uns fällt der Wildkörper in den Schnee und es dauert ein paar Sekunden, da sitzt der kleine Teckel mit dem großen

Schneid in den Federn des Keilers. Wir lassen ihn gewähren. Glücklicherweise verläuft die Wundfährte parallel zu einem Holzweg, so daß wir den Überläuferkeiler, das ist er tatsächlich, nicht allzuweit durch den Tiefschnee schleppen müssen.
Mit klammen Fingern hält Christian die Lampe. Nachdem er den ersten Schuß hörte, hielt er es fast nicht mehr aus auf seinem sicheren, aber uninteressanten Platz am Anfang seines Abenteuers. Nun leuchtet er mir beim Aufbrechen des dampfenden Wildkörpers. Damit geht für ihn das Abenteuer zu Ende. Er hat kalte Ohren und nasse Füße; die Schlepperei bis zur Chaussee wird ihm zur Strapaze. Ich tröste ihn damit, daß man die Strapazen vergißt, die Abenteuer aber nicht.

SECHSUNDVIERZIGSTES KAPITEL

Begegnungen mit Schlaufuchs

Vor dem großen Findelstein, mitten auf dem Acker, liegt ein roter Strich. Sogleich verhalte ich meine Schritte, hebe das Fernglas und schaue nach dem unbesorgten Rotrock. Er liegt wie im Schlaf auf dem gefrorenen Feld. Noch kein Sonnenstrahl kitzelte heute seinen Balg. Den Schlaukopf zwischen den Vorderpfoten, mag er sich in den Frühling träumen im heuer noch kalten März. Gleich regt sich auch in mir ein Traum. Der Traum von der hübschen Abschußprämie, die mir sein Winterbalg jetzt noch einbringt. Schon kalkuliere ich: Den ganzen Tag wird er ja dort nicht schlafen wollen und wenn es ihn ermuntert, wird der Fuchs schwerlich den Weg ins belebte Tal nehmen. Also warte ich hier ab.

Wie lange noch? Der Fuchs liegt wie tot. Vielleicht ist er es auch? Wer weiß, aber gestern lag er noch nicht dort unten. Ich trete auf den linken Fuß und überlege, ob ich mäuseln soll. Das hilft todsicher, wenn man es kann. Nur kann ich es nicht todsicher. Und wenn er doch heraufkommt, dann sieht er nichts eher als mich, so allein am Feldrand. Zum Letzten bleibt, daß ich von hier aus schieße. Bis zum Stein sind es hundertzwanzig Schritte. Das weiß jeder, der hier jagt. Wer jagt, weiß auch, daß das weit ist, freihändig auf den Fuchs, und daß die Kugel viel Platz hat – um ihn herum. Ich kann aber auch nicht näher herangehen. Auf dem gefrorenen Acker ist das aussichtslos.

So stehe ich. Rotrock ahnt nicht im mindesten, wieviel Gedanken ich mir um ihn und seinen Balg mache. Nach einer unschlüssigen Minute nehme ich meine bewährte Bockbüchsflinte von der Schulter und klemme den Arglosen zwischen die Querbalken des Zielglases. Dort hat er freilich viel Platz und liegt leider gar nicht mehr so ruhig wie bisher. Wer schon Gelegenheit hatte, Füchse durchs Zielfernrohr zu beobachten, der kennt das. Als er gerade wieder einmal richtig liegt, tippe ich an den empfindlichen Abzug.

K.-P. Reif

Bautz macht das Gewehr und Klatsch die Kugel, als sie eine Kolbenlänge vor dem Fang des Fuchses in die gefrorene Erde fährt und ihren Beitrag zur Verbesserung der Bodengare leistet. Reineke knallt es die Erdkrumen mitten ins Gesicht. Erschrocken springt er schräg nach hinten auf seine Läufe. Diese Schandtat ist ihm nun ganz und gar nicht verständlich, denn der Findelstein ist das einzige neben ihm auf dem Acker. Deshalb hebt er seine Standarte und springt wie unsinnig drei-, viermal hin und her, bis er quer zu mir ins Lohmetal Reißaus nimmt. Das ist viel zu weit für meine Schrote, die ich noch im zweiten Lauf habe. Ich öffne das Gewehr, und als der Ejektor die messingfarbene Hülse hinter mich geschleudert hat, steigt ein dünnes blaues Wölkchen aus dem Lauf. Mit ihm verweht mein Traum von der Abschußprämie.

Versonnen stapfe ich bergan zur offenen Kanzel unter der Jagdhütte. Ich will den Luderschacht noch kontrollieren. Dort habe ich im Herbst den Fuchs gejagt. Auch zu meinen Ungunsten. Obwohl ich es mit Arglist betrieb. Neben dem Luderschacht steht ein hohler Fichtenstubben, den ich im Vorjahr als Salzlecke einrichtete. Im Herbst hatte ein Fuchs dann seine Geschäfte auf dem Stubben verrichtet. Das tat er mehrmals, mir und den regulären Nutzern zum Ärger, wahrscheinlich, nachdem er sich draufgerollt und ausgiebig gesonnt hatte.

Also hockte ich mich in den Hinterhalt, um dem Schamlosen die schlechten Angewohnheiten auszutreiben. Ich lernte dabei eine Ricke mit einem starken Bockkitz und manches andere, darunter viele Eichelhäher, kennen. Wer nicht kam, war Reineke. Der kam auch nicht, als ich ihm ein paar Heringsbrocken hinlegte, deren Witterung mir der Wind von Zeit zu Zeit bis auf die Kanzel trieb. Das ging einen ganzen Abend. Den nächsten nicht mehr, da hatte sie der Fuchs geholt.

Im September jagte ich Enten, erfolgreicher als Füchse. Da kam mir eine gute Idee: Einen alten Stockenterich wollte ich gern opfern, um Reineke vor die Flinte zu locken.

Aus dickem Kupferdraht machte ich dem Erpel ein Kettenhemd um den Hals, Fittiche und Ständer. Dann band ich den so gewappneten Erpel diebstahlsicher an eine kleine Weihnachtsfichte vor dem Stubben. Der Vogel bekam eine dünne Schicht brauner Fichtennadeln über seinen grün schillernden Hals, damit ihn die Greifvögel nicht ausmachten.

Tags darauf pirschte ich schon in aller Frühe mit Stirnwind zu meinem Lockvogel. Leider fand ich ihn alleine vor, aber frei von jeder Deckung. Einen zerrissenen Kropf hatte ihm Reinekes erste Stipvisite eingebracht. Schön gespannt führte mein Kupferdraht zum Fichtenstämmchen. Wie bereits geübt, versteckte ich den braven Vogel wieder und zog heimwärts. Ich war hoffnungsvoll, denn wer die Speisekammer kennt, kommt wieder, so dachte ich.
Am frühen Abend stieg ich dann auf meine Kanzel, richtete mich ein und äugte nach dem Ködererpel. Der blieb unsichtbar. Aber was war mit der kleinen Weihnachtsfichte, die einmal den Kupferdraht um ihren Stamm hatte? Wie eine alpine Krüppelkiefer hing sie mit gebrochenen Zweigen talwärts. Ihr Wipfel zeigte in die Fluchtrichtung dessen, der mit meinem Erpel auf und davon war.
Rasch stieg ich von der Kanzel. Am Luderschacht konnte ich deutlich die Eingriffe einiger Überläufer ausmachen, die tagsüber marodierend durch die Schonung gezogen sein mußten. Mit einem ungerechten Fußtritt gab ich der Fichte ein wenig von der stolzen Haltung zurück, die wir beide damals verloren hatten. Heute steht sie schon wieder aufrecht neben dem noch leeren Luderschacht. Sie hat einen schneereichen Winter hinter sich gebracht.
Auch der Fuchs ist sieben Monate älter geworden, die ihn bestimmt nicht dümmer gemacht haben. Ich werde meinen Luderschacht frisch beschicken und abwarten, welche Begegnungen mit Schlaufuchs sich in diesem Jahr arrangieren lassen.

SIEBENUNDVIERZIGSTES KAPITEL

Morgenansitz

Der Frühling ist durchs Tal gegangen und hat die Krokusse geweckt. Nun steigt er in die Berge. Er schüttelt die alten Fichten wach und hält den Zeisigen die Notenblätter hin. Ein letzter Schnee versteckt sich hinter den Nordhängen. Dort kann er noch sechs Wochen ruhen, bis ihn die Sonne entdeckt und tropfenweise ins Tal schickt.
Ich habe die dicke Pelzmütze gegen den Lodenhut getauscht und gehe durch den Morgen. Der ist feucht und nebelverhangen. Die grauen Schwaden schleichen am Mond vorüber, und es wird noch eine Stunde dauern, bis es richtig hell wird. Ich will ins Lohmetal und sehen, ob Wild auf der großen Wiese unterhalb der Waldgaststätte ist. In der jagdarmen Zeit inspiziere ich gern die verschiedensten Revierteile. Zumindest weiß man dann im Mai schon, wo die Böcke stehen.
Jetzt streifen mir die Fichtenzweige den Hut vom Kopf. Gebückt schleiche ich die zwanzig Meter bis zum Ansitzschirm. Solch ein Schirm ist eine praktische Angelegenheit. Ich erreiche ihn gedeckt und kann lautlos Platz nehmen. Das gelingt erfahrungsgemäß sogar dann, wenn schon Wild auf der Wiese steht. Nur auf den Wind ist zu achten. Aber der weht fast immer mit dem kleinen Wasser das Tal hinunter und wird mich nicht verraten. Vorsichtig hebe ich meine Beine über das Sitzbrett. Dann wird der Rucksack zum Polster, das Fernglas lege ich neben mich. Der Büchsflinte nehme ich den Lederschuh von der Mündung. Sie soll ruhig sprechen, wenn sich Gelegenheit dazu ergibt.
Vor mir schlüpft das Lohmebächlein durch die graue Wiese mit den abgestorbenen Halmen. Dahinter geht es wieder bergauf, aber der Hang gegenüber steckt noch im Nebel: Die Fichtendickung mit ihrem undurchdringlichen Innenleben bleibt mir ganz verborgen. Ich lausche dem kleinen Wasser und versuche, in den Nebel hinein-

zusehen. In der Dunkelheit ist diese Übung recht erfolgreich. Nur wer es schon probiert hat, weiß, wie gut sich unsere Sehorgane an das schwache Licht anpassen können, wenn man ihnen nur genügend Zeit dazu läßt. Diese Eigenschaft ist jedoch ganz unterschiedlich entwickelt und hängt auch noch von der jeweiligen Verfassung ab. Deshalb kann man das Büchsenlicht auch nur selbst und vor Ort beurteilen. Mit dem Nebel ist das anders. Seine Schleier sind für unsere Augen in gleicher Weise undurchdringlich.
Plötzlich glaube ich, gegenüber einen Schatten zu sehen. Der Blick durch das Fernglas macht mich nicht schlauer. Zweifellos steht dort ein Wildkörper, aber was es ist, das kann ich erst nach fünf Minuten ausmachen. Ein Schwarzkittel trollt auf der Wiese hin und her, bricht die Grasnarbe auseinander, schüttelt das Haupt und hält es scheinbar still über dem Boden. Im Glas kommt mir das Wild sehr hoch vor. Trotzdem sehe ich nicht, ob es ein Keiler ist oder eine Bache. Daß um die Sau keine Frischlinge sind, kann ich mit Bestimmtheit ausmachen. Aber auch die führende Bache verläßt in den ersten Tagen allein ihren Kessel. Ich meine nur, daß sie sich zielstrebiger mit dem Fraß befassen müßte, um bald zu ihren Frischlingen zurückzukommen. Aber das ist nicht entscheidend.
Soll ich nun schießen oder soll ich es lassen. Ich kann nicht absehen, wie lange der Schwarzkittel noch auf der freien Fläche brechen wird. Am Ende reut mich die vertane Chance, aber noch mehr reut es mich, wenn ich schieße und dort drüben liegt eine führende Bache.
Das Ziel ist verlockend, doch ich warte ab. Zitzen sind beim besten Willen nicht zu sehen, aber auch kein Pinsel. Die Sau steht eigentlich viel zu hoch auf den Läufen, um ein Gesäuge zu haben. Ich hebe das Gewehr auf die mit Fichtenzweigen verblendete Brüstung, auf der ich gut auflegen kann. Jetzt klingt der Morgengesang einer Amsel aus der Fichtendickung zu mir herüber. Kurz entschlossen ziele ich auf mein Gegenüber.
Woher nehme ich so viel Sicherheit? Schon rollt das Echo meines Schusses ins Tal. Es wird dort unten sein vor dem Wind und vor dem Wasser. Wovon wird es künden? Von hoher Jagd oder von einem Muttermord?
Dort drüben auf der Wiese liegt reglos der langgestreckte Wildkörper. Ebenso reglos verharre ich. Erst jetzt bemerke ich, daß feiner Niesel fällt. Und da sind auch die Zweifel wieder. Liegt dort ein Keiler oder die führende Bache?

Jedes Jahr werden führende Bachen geschossen. Wer das bestreitet, der lügt, aber daß es so ist, entschuldigt es nicht. Mir selbst ist es einmal passiert bei einem Pirschgang im Juli. Im Altholz stand eine gemischte Rotte im Gebräch. Ich hatte gutes Licht, Sonnenschein und genügend Zeit zum Ansprechen. Da waren drei mittelalte Bachen, fünf Überläufer und zehn oder elf Frischlinge. Die drei Bachen hatten deutlich sichtbare Zitzen. Ich nahm einen schwachen Überläufer aufs Korn und streckte ihn im Feuer. Die Rotte war bald verschwunden, und freudig erregt trat ich an meine Beute. Diese Freude sollte mir sogleich vergehen. Die schwache Überläuferbache hatte zwei angesaugte Zitzen!

Rasch wird es nun heller. Vom ehemaligen Offenstall her tritt Rehwild aus. Ein junger Bock im Bast. Seine klobigen Stangen füllen fast den Raum zwischen seinen Lauschern. Dazu zwei Ricken und ein Kitz. Die vier ziehen langsam auf die Wiese. Es ist beruhigend, den Rehen zuzusehen. Plötzlich springen sie ab. Weil die Wiese leer bleibt, gibt es für mich keinen Grund mehr, im Schirm zu warten. Ich trete vor die Blende aus Fichtenreisig und gehe langsam auf den Wildkörper zu. Das Lohmebächlein überwinde ich mit einem großen Schritt, dann muß ich von Grasbüschel zu Grasbüschel springen, um nicht bis über die Knöchel im schmatzenden Schlamm zu versinken. Anschließend geht es noch ein paar Meter den Hang hinauf und ich stehe vor meinem Schwarzkittel.

Ein grober Keiler, dem noch ein oder zwei Jahre bis zur vollen Reife fehlen. Im Wildbret ist er nicht so stark, wie ich das noch vor vierzig Minuten gesehen haben wollte, aber es steckt ihm schon ein recht ordentliches Gewaff im Kiefer.

Von der nahen Dickung hole ich einen kräftigen Fichtenbruch und verspreche mir, daß ich mich nicht wieder versuchen lasse. Dann stehe ich bei meinem Wild. Der Blick geht hinüber zum Schirm, den Waldrand entlang bis ins untere Tal, über den zugewachsenen Bachlauf der Lohme zurück zu meinem Keiler.

Epilog

Wie man Jäger wird und bleibt und warum man das tut.
Unsere ältesten Vorfahren jagten das Wild, um zu übeleben. Der heutige Mensch könnte durchaus ohne Wild existieren. Uneingeschränkt umkehrbar ist dieser Satz jedoch nicht mehr ...
Auch daraus resultiert die gewachsene Bedeutung unseres modernen Jagdwesens, das den aktiven Schutz der Natur und die Einhaltung der für die Land- und Forstwirtschaft vertretbaren Wilddichten gleichermaßen zum Ziel hat.
Wer Jäger werden will, muß sich das zur Lösung dieser Aufgaben nötige Wissen und Können aneignen. Man kann das lernen.
Aber wer das gelernt hat, der ist noch kein Jäger. Zum Jäger wird er erst durch seine Naturliebe, seine innere Einstellung zum Weidwerk, durch immer wieder neue Erfahrungen und durch das, was man Passion nennt.